LA VIE EXCELLENTE
DE
SAINTE BATHILDE
ROYNE DE FRANCE,
Fondatrice & Religieuse de Chelles.

—

Par le R. P. ESTIENNE BINET,
de la Compagnie de IESVS.

A PARIS,

Chez SEBASTIEN CHAPPELET,
ruë S. Iacques au Chapelet.

—

M. DC. XXIV.

Auec priuilege du Roy.

A MADAME,
MADAME MARIE
DE LORRAINE,
Abbesse de Chelles.

ADAME,

VOVS auez toutes les raisons du mon- de de vous plaindre de moy, & accuser mes trop grãdes longueurs. Il y a si long temps que vous m'a- uez commandé de vous donner la vie de la Serenißime Bathilde Royne Tres-Chrestienne de Fran-

A ij

ce, qu'à la verité ie serois fort hon-
teux si ces longueurs estoient arri-
uees par ma faute. Mais en fin
voicy que ie vous la presente, &
donne vne grande Royne à vne
grande Princesse, vne saincte Religieuse, à vne tres-vertueuse
Religieuse, vne Mere de Chelles,
à l'Abbesse de Chelles, vn paran-
gon de vertus, & vn miroir de
perfections, à vous qui estes ce que
vous estes ; car vostre modestie
me ferme la bouche, & arreste le
vol de ma plume, qui auoit pourtant bonne enuie de vous mettre
en paralelle auec cette Royne incomparable. Las ! vous le luy defendez, & par amour ou par force
il faut bien vous obeyr. Il m'es-
chappe pourtant de la plume que

voſtre vie a tant de traicts de ſa
vie, & tant d'heureux rapports,
que pour auoir vn vif pourtraict
de la ſienne, de vray il faudroit a-
uoir le tableau de la voſtre. Or
quãd vous me deuriez tanſer cent
fois, ſi faut-il que ie die que ce n'eſt
pas de merueille ſi deux perles
orientales ſe reſſemblent ſi fort, &
deux braues Princeſſes, deux ſeruantes de Dieu, deux Religieuſes
filles de S. Benoiſt, deux Eſpouſes
de Ieſus-Chriſt, deux ſi bonnes
Meres de tant de bonnes filles du
Ciel qui viuent à Chelles, ſe reſſemblent comme deux pointes de
tres-fins diamants. La reſſemblan-
ce eſtant cauſe d'amour, ie m'aſſeure que le preſent que ie vous fais
vous ſera tres-agreable. On enuoya

iadis au Roy Henry second, vn
miroir si bien faict, qu'il ne repre-
sentoit iamais autre visage que celuy du Duc de Florence qui luy a-
uoit enuoyé cette glace si bien ela-
bourée; Ce petit Liure aura quelque chose de ce bonheur, & quelque chose de plus rare : car vous y
verrez la face de saincte Bathilde, & les principaux traicts de
la beauté de son ame, & d'abondant vous vous y trouuerez vous-
mesme, & y mirerez les vertus
que Dieu a inspirées à vous-mes-
me. Vn des Empereurs de Rome fit
faire des medailles, où estoient col-
lées les images de Iesus-Christ &
la sienne: afin qu'adorant l'vne, on
adorât tout d'vne suitte l'autre
qui y estoit attachée. Dans ce petit

ouurage il s'est rencontré par vn
heureux hazard, que peignãt faincte Bathilde , on y a couché plusieurs traicts de vostre ame: &
vos ames, vos vies, vos quali-
tez, vos saincts desirs ont tant de
liaison qu'on ne sçauroit quasi honorer l'vne, qu'on n'honore aussi
l'autre. Dieu! qu'est-cecy, ma plume trahit mon cœur , & dit icy
malgré-luy ce qu'il ne faut pas dire , & ce que vous luy defendez si
expressément , & moy aussi: vaut
donc mieux coupper broche & rõ-
pre entierement son vol, de peur
qu'elle ne s'essore & ne s'enfonce
dauantage en ce doux subiect, qui
n'est aigre qu'à vous seule, & que
vous ne vous faschiez dauantage.

Pardonnez luy Madame, si elle a faict ce peché, & pardonnez luy d'autant plus volontiers qu'elle n'a nulle enuie d'auoir contrition de ce crime, qu'elle croit estre la pure verité plustost que peché seulemēt veniel. Pour moy, ie prie Dieu qu'il vous donne le cœur de saincte Bathilde, la pureté de son ame, les flammes sacrées de sa charité & la saincteté de sa vie; & que ie sois digne d'estre en Dieu, & pour Dieu,

MADAME,

Vostre tres-humble seruiteur. E. BINET.

Seruire Deo Regnare est

LA VIE EXCELLENTE

DE SAINTE BA-THILDE ROYNE de France, Fondatrice & Religieuse de Chelles.

CHAP. I.

De son origine, & comme elle fut fille de la saincte Prouidence de Dieu.

ARMY les inno-centes Princesses qui ont paru auec emi-nence au theatre de ce mon-

de , Saincte Bathilde ou Bau-
teur tient à la verité vn des premiers rangs , & le vif esclat de
sa saincteté a grandement res-
siouy toute la France, certaine-
mét bien-heureuse , qui porte
de si belles fleurs ; & de vray
Chelles peut bien dire d'estre
bien agreable au Ciel, puisque
il luy a donné vne si precieuse
relique, & vn si bel astre tout
plein de bon augure.   Cette
Reine Serenissime fut veritablement vne des filles bien-ay-
mées de la Prouidéce de Dieu,
qui la mena par la main en Fráce. L'histoire porte qu'on ne
sçait quasi comment elle abor-
da en France , & croit-on qu'e-
stant yssuë de la Saxe nommée

d'outre-mer, & ayãt esté mise
sur la mer, vne furieuse tempeste la mit hors de route, & la
fit tomber entre les mains des
Corsaires qui la prindrét comme vne esclaue, & la vendirent
en France à fort bon marché,
Ces voleurs ne sçauoient pas le
prix de cette perle enleuée de la
mer, toute la Fráce n'estoit pas
assez riche pour acheter vn si
riche thresor. Cette tempeste
fortunée fut indubitablemét vn
vent du sainĉt Esprit qui vouloit enrichir les Lis de la France
de cette noble fleur de Lys, belle cóme le iour, & chaste cóme
vn Ange. Tant y a qu'elle tomba entre les mains d'vn Prince
nómé Archambaut, Maire du

Palais, qui la donna à sa femme
pour en tirer quelque seruice,
& la faire vne de ses filles de
chambre. Qui vit iamais vn
agneau tóbé entre deux Loups,
il s'imaginera aisémét l'estat du
pauure cœur tremblant de Bathilde, ieune pucelle fleurissan-
te, estrangere, sans aucune co-
gnoissance, sans sçauoir la langue du pays, esclaue, & logée à
la Cour, parmy vn monde de
loups-garoux, & de valets desbordez, & sans respect, ny de
Dieu, ny des hommes; Dieu
qui l'auoit amenée en ce lieu
se logea dans sans cœur, & luy
donna vn corps de garde d'Anges; de fait, on ne sçauroit croire comme cette ieune fille re-

luiſoit en toutes les vertus. C'eſtoit vne roſe odoriferante aſſiegée d'eſpines importunes: mais qui iamais pourtãt n'ozerent l'outrager. Elle ſe mit à faire la ſeruante des ſeruãtes: à trauailler pour quatre, à faire tous les meſtiers de la maiſon. Ne ſçachãt pas parler la langue des Francois, elle parloit la langue des Anges; elle parloit par les mains faiſant tout; par les pieds, courãt par tout; par le cœur, aymant toutes ſes compagnes; par les yeux, pleurant à chaudes larmes quand elle prioit Dieu, ou faiſoit quelque faute: elle toute ſeule faiſoit plus de beſongne que toutes les autres n'en euſſẽt ſceu dire. L'empire que la vertu

exerce fur les cœurs eft tout
puiffant : de fait cette pauure
eftrangere gagna tellement les
cœurs du Prince , de la Princeffe , & de tous ceux de la
maifon , que c'eft chofe qui ne
fe peut dire. Mais mó Dieu, qui
n'aymeroit vne creature qui
eftoit la mefme modeftie ? car
l'Hiftoire porte qu'elle fentoit
bien fa maifon, & qu'on reco-
gnoiffoit en fa façon de faire ie
ne fçay quoy du fang Royal
dót elle eftoit fortie ; Elle eftoit
chafte comme vne colombe,
pleine d'vne pudeur virginale
comme vne rofe, craintiue des
hazards comme vne innocéte
tourterelle; elle parloit fort peu:
mais ce qu'elle difóit eftoit bon,

& bien ſagemét dit, nullement
rioteuſe, nullement mal-faiſan-
te à qui que ſe fut , nullement
ombrageuſe, elle eſtoit fort ſer-
uiable, & de bonne façon ; car
elle auoit vn viſage ouuert &
deridé , vn œil ſi gay , & des façons de faire ſi douces , des paroles ſi naïfues, que ſa façon valoit encor beaucoup plus que
tout ce qu'elle eut ſceu faire.
Croiriez- vous qu'vne fille de
ſi noble race , ne deſdaignoit
point de deſchauſſer ſes compagnes , nettoyer leurs ſouliers,
deſcrotter leur cottes , & de ſes
propres mains delicates faire les
offices les plus bas de la maiſon? Ie ferois volontiers l'horo-
ſcope de cette bonne fille, &luy

dirois volontiers ſa bonne for-
tune voyant ſes mains Royales,
& m'aſſeure que mes predi-
ctiōs ſeroiét trouuées en fin ve-
ritables ; car le cœur me dit
qu'vne telle humilité d'vne telle fille, & yſſuë de ſi grande famille, ne peut qu'elle ne ſoit vn
iour eſleuée à quelque grādeur
Royale: puiſque c'eſt vn oracle
du Ciel qui eſt infaillible, que
le grand Dieu de l'vniuers préd
vn ſingulier plaiſir à releuer
ceux qui s'abbaiſſent bien bas,
& les rehauſſer à des grandeurs
extremes & fort ineſperées.

CHAP. II.

De son mariage Royal apres vne
cruelle tempeste.

A Vertu fille du Pa-
radis est comparée par
Iesus-Christ à la perle
Orientale, perle, qui estant fille
de la mer & du ciel, toute sa vie
flotte au son de la mer, & ne vit
que parmy les orages , se don-
nãt le poli à force de tempestes
& de cruelles bourrasques. Bathilde prise sur la marine , & ·
vraye fille du Ciel, doit courir
pareil risque, & affiner sa vertu
& son cœur parmy les hazards

de ce monde, le premier orage
la pensa abysmer & estouffer sa
vertu en sa naissance. Sa maistresse venát à mourir, son maistre ietta incontinent les yeux
sur elle, faisant son cópte, apres
le ducil passé, de conuoler à des
secondes nopces, & prendre
Bathilde en mariage, en apparence c'estoit vne grande for-
tune d'esclaue deuenir ainsi
Princesse, de seruante la maistresse, & à tout dire, de la derniere des seruantes, se voir quasi
la premiere Dame de la Cour
de France, & femme bien-ay-
mée de celuy qui estoit tout-
puissant dans le Royaume. Qui
ne regarderoit que la terre, c'e-
stoit indubitablement vne fa-

ueur si grande, qu'il n'y auoit
Princesse à la Cour qui ne se fut
estimée trop heureuse d'espouser vn tel mary: mais la saincte
fille qui auoit esté inspirée du
Ciel d'aspirer à chose bien plus
haute , & d'esperer d'espouser
Iesus-Christ par l'entremise de
sa virginité , pença mourir de
frayeur quand on luy en ietta
les premieres paroles : Elle qui
auoit desia donné son cœur au
Ciel, & toutes ses amours sacri-
fiées à Iesus Christ, n'auoit plus
d'amour pour personne. Mais
quel moyen d'eschapper des
mains de ce Prince qui auoit
tout pouuoir sur elle comme
sur vne esclaue? Tout le monde
se mit en deuoir de luy persua-

der qu'elle confentit au plus grand bon-heur qui luy pouuoit iamais arriuer en ce monde. Helas ! ce difoient fes compagnes, le bon-heur vous pourfuit, & vous le fuiez ainfi follemét, ce que vous defdaignez fi inconfiderément, c'eft ce que toutes les plus grádes Dames du Royaume defirent efperduëment. Eftes vous donc tant ingrate enuers Dieu, qui vous fait vn fi grand bien, & au lieu de l'en remercier vous faictes icy la folle, & la retiue ? Si vous voulez eftre vn iour mariée, pourriez-vous efperer rien de plus aduantageux en tout le refte du móde? Si vous ne le voulez pas eftre, que faictes-vous

donc icy à la Cour, & que n'al-
lez-vous dás vn Cloiſtre? Penſez à vous Bathilde, & ne laiſſez
pas par voſtre indiſcretion eſ-
chapper cette occaſion que le
Ciel vous preſente ; ſi vous n'y
prenez garde toute voſtre vie
vous en porterez l'eſpine dans
le cœur , & n'y aura creature
qui la puiſſe arracher. Si par vne
grande iniuſtice on parloit de
rauir voſtre hóneur , à la verité
il faudroit mourir pluſtoſt de
mille morts, & ſouffrir mille &
mille martyres : mais monſieur
ne vous parle que d'vn mariage
tres-chaſte & tout réply d'honneur, & cependant vous faiƈtes
icy la deſeſperée. A tout cela la
vertueuſe fille ne ſceut rien reſ-

pondre que par ſes larmes, ny
ne ſe prendre qu'à ſes yeux: mais
ſi ſa bouche eut bien peu dire
tout ce qui rouloit dans ſon
cœur : helas ! qu'elle eut bien
eſtonné du móde. On prit ce ſilence virginal pour vn taiſible
conſentement plein d'vne hon-
neſte pudeur, & on fit eſtat de
paſſer outre. Tout ſe preparoit
deſia pour les nopces , la pau-
urette qui ne ſçauoit pl⁹ à quel
ſainct ſe vouër ny de quelles armes ſe defédre, elle eut tout ſon
recours à la peur, & par ſó aduis
s'alla cacher en vn coin d'vn
grenier, ſe couurant de vieux
haillons, mais ſi bien & ſi beau,
que iamais on ne la ſceut trouuer, quoy que tout le monde la

chercha tout par tout. Imaginez-vous quels battements de
cœur, quelles frayeurs terribles
paſſoiét par ſon eſprit, ſe voyát
tant de fois paſſer & repaſſer
tout le monde à ſes pieds , & à
chaque moment ſe croyát eſtre
priſe : il me ſemble de voir vne
Colombe cachee dans vn trou
d'vn arbre, autour duquel volét
des eſpreuiers qui en ont bien
le vét, mais n'en ont pas la veuë.
Cela eſt arriué bien ſouuét, que
ceux que Dieu deſtine à quelque haut degré d'honneur, plus
on les veut agrandir , & plus ils
s'aneantiſſent, & ſe cacheroient
volótiers dás le centre. Quand
tout le monde cherchoit Saül
pour le créer Roy de la terre

saincte, le pauure garçon, de
honte s'estoit caché derriere la
porte, & si Dieu n'eut parlé, iamais on ne l'eut sceu treuuer:
quand on voulut faire la vierge
Esther (qui signifie cachee) féme d'Assuerus, & Royne tres-
puissante, elle s'éclipsa des yeux
des hommes, & à peine la peut-
on treuuer : Quand on voulut
faire Pape le grand sainct Gre-
goire, il s'alla ietter dans le trou
d'vne cauerne, comme s'il se fut
voulu enseuelir tout vif. Vous
verrez que plus la bonne Bathilde se cache , plus Dieu l'a-
grandira , & la tirant de ce ca-
chot de haillons, il l'assierra sur
vn throsne Royal, pour y luire
comme vn Soleil de France.
Dieu

Dieu permit qu'apres qu'on
eut bien cherché & recherché
& fureté par tout , & cent fois
eſtre paſſé par là où eſtoit Bathilde , & cent fois repaſſé ſans
iamais y treuuer que de la peine,en fin tout le monde ſe laſſa,
& laiſſa Bathilde où elle pouuoit eſtre , ſans plus s'en mettre
en peine; meſmes on commença à ſe moquer de ſa beſtiſe , qui
aymoit mieux eſtre ſeruáte des
ſeruantes , qu'vne grande Princeſſe. Archãbaud meſme changea d'aduis, & ſage qu'il eſtoit ,
penſa que Dieu ne vouloit pas
qu'il épouſat cette eſclaue eſtrã-
gere,& poſſible que ce n'eſtoit
pas ſon mieux. De faict il quitta ce deſſein , ſe mit à la pour-

fuitte d'vne autre Dame de la Cour, en fit faire les recherches, le mariage fe fit, & auffi toft voyla Bathilde reffufcitee, & comme venuë de l'autre monde. Tout le monde bien eftonné de la reuoir, elle encor plus que tous, & plus aife que tous de fe voir affranchie d'vn joug, qu'elle en fon cœur apprehendoit infiniment: Mais c'eftoit Dieu qui conduifoit toute cette befongne, & qui l'auoit menée en Fráce pour la faire Roy-ne de Fráce ; non, non, ce fang Royal n'eftoit pas pour le valet, mais pour le maiftre, & falloit que cette fille de Roy deuint mere des Roys du plus noble Royaume de la terrehabitable.

Tout le móde ſceut la modeſtie
de cette fille, ſa chaſteté & beauté Angelique: Clouis II. Roy de
France, & fils de Dagobert re-
ſolument la voulut eſpouſer, &
fallut à ce coup que Bathilde fit
joug, & obeït au Ciel qui l'a-
uoit dés long temps fiancee à
Clouis. Ne me demandez pas ſi
ſes compagnes qui s'eſtoient
tant moquees de ſa ſimplicité,
furét bien eſbahies, & encor pl⁹
hóteuſes. C'eſtoit à qui ſeroit la
premiere à luy en demáder pardon, & la ſupplier treshumble-
ment d'oublier la ſottiſe & la re-
merité dont on s'eſtoit gauſſé
d'elle, péſát helas! que ce fut par
faute d'eſprit qu'elle eut faiĉt ce
qu'elle auoit faiĉt, cependant

c'eſtoit par vne grande & du tout diuine ſageſſe. Tout le Royaume vit auec eſtónement le choix que Clouis auoit faict de cette pucelle eſtrangere, & ne ſçauoit quel iugemét en faire: mais én peu de temps on vid aſſez que c'eſtoit vne grande faueur du Ciel, & vn riche preſent que le Ciel auoit faict à la maiſon de France. Quand on plante vn roſier aupres des fleurs de lis, cela les embellit grandemét, & redouble la douce odeur de ces fleurs innócentes. Cette roſe de Saxe plantee au milieu des fleurs de Lis de la France leur dónera & odeur, & bonté, & tout bon-heur enſemble.

De ſa vie eminente dans ſon ma-
riage Royal, de ſes rares
vertus, & de la mort
du Roy ſon mary.

CHAP. III.

I E V beniſſant ſon mariage luy don-na des fils maſles, qui furét des Roys & les poles ſur leſquels rouloit le Ciel de la France. Choſe eſtrange, comme ſon cœur ne changea point le train de ſes vertus, nonobſtant que ſon corps eut fait vn tel chágement que de ſe voir, d'vne petite eſ-

claue , deuenuë la plus grande
Roine de la terre. L'air de la
Cour n'est pas d'ordinaire l'air
de la Vertu , ny l'element de la
deuotion; les saincts s'y perdent
aisément, mais il ne s'y en faict
guere d'ordinaire. Et c'est miracle, quãd la vertu ne s'y fond
point, ny ne se diminuë , car de
s'y augmenter, à la verité c'est
vn coup de la main de Dieu.
Quel moyen d'exercer la vertu
parmy le tintamarre des courtisans , qui font trophee bien
souuent de persecuter la vertu,
& menent en triomphe le vice?
C'est ce qui rend la Royne Bathilde plus admirable , & qui
luy donne meilleure place dans
les Annales du Ciel. L'Histoire

porte ces paroles formelles,
Dieu luy auoit inspiree vne
grande discretion pour rendre
à chacun ce qu'il luy falloit; elle
rendoit vne parfaicte obeïssan-
ce au ROY son tres-honoré Seigneur & mary : elle tenoit tous
les Princes du sang de Frãce cõme ses enfans , & les cherissoit
comme ses propres entrailles;
elle appelloit les Prelats & les
Prestres ses bons Peres, & se nõ-
moit leur fille ; les Religieux, ses
freres, les pauures ses domesti-
ques, les Pelerins ses fidelles cõ-
pagnons, se ressouuenant de son
pelerinage où elle fut prise : elle
nourrissoit les orphelins , plaidoit pour les veufues , instrui-
soit les ieunes Seigneurs de la

Cour, auoit vn soin plus que
maternel des malades, & sembloit estre l'Agente du Clergé à
la Cour, solicitât aupres du Roy
toutes les affaires des Eglises de
France. Imaginez-vous donc,
si ce n'est pas vne sotte fable, ce
qui se dit des eneruez de Iumie-
ges, & si cette Royne d'incomparable bonté eut esté cruelle
enuers ses entrailles, elle qui
cherissoit si tendremét les pauures, & les personnes du monde
les plus inconnuës. Le sainct Esprit dit, que celuy qui a trouué
vne bonne femme, il a trouué
vn thresor pretieux, & qu'vne
femme chaste vaut plus que
toutes les pierreries de la terre:
Clouis en pourroit bié dire des

nouuelles , ayant treuué cette
braue Princeſſe, qui valoit ſon
peſant d'or, & plus. Les Annales nous iurét que de ſon temps
on baſtit, & dota plus d'Egliſes,
& de Monaſteres par toute la
France que iamais on ne fit ny
deuant ny apres. Tất il eſt vray
qu'vne braue femme & bien fi-
delle àDieu,peut faire vn monde de bonnes œuures. La Royne Clotilde planta la foy dans
le cœur de Clouis I. & de tout
le Royaume, & Bathilde,s'il ſe
peut ainſi dire , ſurſema la pieté
& la deuotion dans le cœur du
ſecond Clouis , & dans le cœur
de l'Egliſe Gallicane , le baume
de ſa perfection embauma toute la France. Vne des Iſles For-

tunecs n'a point d'autre eau,
sinon celle qui distille du Ciel
par les rosées, & celle qui coule
incessamment d'vn arbre miraculeux qui fond tout en eau, &
arrose l'Isle si plantureusement,
que d'vne terre bruslee, & vn
vray Purgatoire, il en faict vn
Paradis terrestre. Cette bonne
Royne estoit comme cela, bié-
heurant la France de ses larmes
continuelles, & du torrent perpetuel de ses biens-faicts. Car
on nous asseure que tous les
iours elle employoit de bonnes
heures à l'oraison : mais oraison
qui estoit à bon escient oraison,
d'autant que ce n'estoit pas seulemét du bout des leures qu'elle
prioit son Createur, mais du

fond du cœur, & auec toute la
portee de son ame, de façõ que
elle respandoit d'ordinaire de
grosses larmes, & arrosoit ses
deuotions de deux fontaines
ruisselantes de ses deux yeux.
Mon Dieu, qu'eut-elle fait dans
l'horreur sacre-saincte de quelque solitude, ou dãs le profond
silẽce d'vn Monastere, puisque
dans le tracas de la Cour elle y
sçauoit trouuer les plus cheres
delices de la deuotion, & vn si
grand repos d'esprit, & quietu-
de de toutes les puissances de
son ame? Sa vie respondoit à ses
deuotions, & ses actions à ses
prieres, & n'estoit pas du nombre de celles qui prient beaucoup, & apres ne sçauent rien

faire, ny aussi peu de celles qui
dementent leurs meditatiós par
leurs actiós, car elles font merueilles en leurs oraisons, & ont
des desirs admirables, puis sont
tres-imparfaictes au reste de
leur vie, estant fort opiniastres,
legeres, glorieuses, & qui croyết
que tout leur est deü, & qu'elles
ne sont obligees à riế faire, puis-
qu'elles ont bien prié Dieu, ce
leur semble. Mais ces deuotions
sont vrayes faineấtises, & vraies
illusions. Bathilde estoit egale
en sa vie, & en sa priere, aussi a-
uoit-elle vn merueilleux ascen-
dất sur les esprits de tout le móde. Le Roy son Seigneur &
mary la respectoit infiniment,
& luy donnoit vn grand pou-

uoir dans son Royaume, & sur toutes ses affaires, il trouuoit parfaictement bien-faict tout ce qu'elle faisoit, & pour mourir ne l'eut voulu desdire. Aussi auoit-elle vn si grand soin, & vn amour si tendre pour ce bon Roy, cóme si ç'eut esté la moitié de sa vie. Il arriua en ce téps là, que Clouis s'abbaissoit tous les iours, & s'affoiblissoit à veuë d'œil, & de corps & d'esprit, & n'y auoit nulle apparence de guerir ny de l'vn, ny de l'autre. Que fera cette bonne Princesse, où pluftoft que nè fera-elle pas ; elle qui estoit toute remplie de bóté, & qui auoit les entrailles toutes pleines de commiseration enuers les pauures

malades ? Tout ce qui se peut
faire humainement pour vn
Roy en ce monde, cela certainement fut faict : d'abondant
cŏme les remedes humains sont
assez foibles de leur nature &
fort incertains, elle eut recours
à Dieu, & au Ciel, & à cet effect
elle crea vn grand Aumosnier,
& choisit vn hŏme fort vene-
rable & de tres-rare vertu, à
sçauoir l'Abbé Genese, afin de
cŏferer auec luy de tout ce qui
se pourroit faire, & quant &
quant l'executer par ses mains.
Il fut d'aduis qu'on prit l'aduis
que Daniel donnoit à tous les
Roys & Potentats du mŏde, &
qu'on essayat de racheter sa vie
& ses pechez auec de grosses

aumofnes. Les mains des pauures font bien fouuent ce que
ne fçauroient faire les mains des
Medecins; & le pain qu'on jet-
te dans la bouche des pauures
orphelins , faiɛt de meilleures
operations , que les medecines
qu'on iette dãs le corps des malades. La bonne Royne qui a-
uoit toufiours le cœur ouuert,
ouurit bien-toft fa bourfe pour
le foulagement du Roy fon Seigneur & mary. On enuoya par
tout chercher des Preftres &les
faire dire vn monde de Meffes;
on enuoya à tous les Hofpitaux
de grandes charitez ; on habilla
grãd nombre de pauures mort-
fondus, qui eftoient tous nuds;
elle commanda fur tout , qu'on

eut grand foin des morts, pour
les faire enfeuelir honorable-
ment, & qu'on priat Dieu pour
le repos de leurs ames. Toutes
les œuures de Mifericorde furét
exercees, mais abondamment,
promptement, & efficacement.
Elle n'oublia pas les amis & feruiteurs de Dieu qui viuent dans
les Cloiftres, ains elle leur fit dóner de grandes fommes d'argét,
& aux hómes, & aux filles Religieufes , tous les gens de bien
eftoient en prieres & en pleurs
pour la fanté du Roy. Si on eut
peu racheter la vie d'vn Prince
à force de prieres & de larmes
abondantes, Clouis ne fut mort
de cent ans. Mais les confeils de
la diuine prouidéce ne s'accor-

dent pas toufiours, & ne joüent
pas à mefmes reſſorts que les
defirs des hommes. Dieu veut
qu'on face tout ce qu'on peut,
& puis faiɛt ce qu'il veut , &
toufiours fait ce qui eſt le meilleur, quoy qu'il ne nous le femble pas, ains fouuét nous croyós
qu'il face le contraire : dans l'E-
ternité nous verrons vn iour, &
dãs la fplédeur des Sainɛts que
toutes les œuures de Dieu font
adorables, tres-equitables , &
que mefme fes plus afpres ri-
gueurs font toufiours pleines
de grandes Mifericordes. Tant
y a, le Roy Clouis mourut , &
mourut auec cette confolation,
que fa bonne & fage compa-
gne auoit fait pour fa perfonne

Royale tout le poſſible, & quaſi l'impoſſible. Elle pareillemēt
la bonne & incóparable Princeſſe dans cette grāde perte, elle
trouua que ſó mary eſtoit mort
quand, & comme il auoit pleu
à Dieu, qui eſt le Roy des Roys,
& deuant qui les Potentats du
monde, & les puiſſants Monar-
ques ne ſont que papillons, &
petits vers de terre. Elle ſe con-
ſola, voyant que tout ce que
peut faire vne femme pour ſon
mary elle l'auoit faict tres-abō-
damment; que ſi il n'auoit faict
vne plus longue vie, il auoit fait
vne aſſez belle mort, que les
prieres qui n'auoient rien faict
pour la ſanté du corps, feroient
beaucoup pour le repos de ſon

ame Royalle, que Dieu eſt mai-
ſtre de nos vies, de nos morts, &
de noſtre tout, & qu'il falloit a-
dorer tous ſes diuins iugemens,
& faire joug à ſes ſainƈtes volontez; que noſtre Seigneur luy
oſtant ſon mary , poſſible luy
vouloit faire cette faueur de deuenir l'eſpoux de ſon ame, & re-
gent de ſon cœur ; que le monde n'eſt qu'vne proceſſion ge-
nerale qui nous mene tous à la
ſtatió du tombeau, & qu'il faut
neceſſairement que les vns ail-
lent apres les autres, & chacun à
ſon tour; au reſte, de ſçauoir qui
doit aller deuant , & qui apres,
c'eſtoit à Dieu d'ordonner de
cela, & mettre vn chacun à ſa
place. Que voyant tomber cet-

te couronne de la teste d'vn si
grand Roy, & vn Roy renuer-
sé à terre, elle apprenoit à ne riẽ
desirer icy bas, mais seulement
aspirer à la couronne de l'im-
mortalité, & aux biens surcelestes. Elle pleura donc à chaudes
larmes la perte de son mary, &
en eut long temps le cœur tran-
spercé de douleurs : car la vertu
ne desnature pas les personnes,
mais elle desaigrit l'excez de la
douleur, & la mesnage en façon qu'elle sert de merite, & de
penitence de nos pechez. Les
Saincts donc pleurent, mais
pleurent comme des saincts,
c'est à dire, ils payent ce tri-
but à la nature, & témoignent
qu'ils ne sont pas insensibles, au

reſte la raiſõ n'eſt iamais eſtouf-
fée dans leurs larmes, ains ſurna-
ge touſiours, & louë Dieu de
tout ce qui arriue. Auſſi la bonne Royne ne s'amuſa point fol-
lement à ſe deſeſperer & pleurer par ceremonie, mais ſes yeux
ayant faiƈt le deuoir que ſon
cœur auoit commandé, elle
commanda auſſi qu'on fit faire
tout ce qu'on pourroit pour le
repos de l'ame du feu ROY, &
rien n'y fut eſpargné.

*De son veufuage, de son heureuse
Regence du Royaume,
& des grandes au-
mosnes qu'elle fit.*

CHAP. IV.

E v x qui ont voulu dire que Clouis auoit esté d'vne vie fort desbordee, s'ils disoient vray, ils rehausseroient grandemét la sainéteté de l'incomparable Princesse Bathilde. Car, soit par malice, soit par foiblesse d'esprit qu'il fut tel; Bóté du ciel ! quelle souffrance insupportable à ce cœur si chaste & si delicat, de se

voir aupres d'vn mary si mal
faiȼt , & dans vne Cour si des-
bordée ? Ne vous semble-il pas
de voir Susanne l'innocente as-
siegee de gens malencontreux?
vn Daniel dans le lac des Lyós?
Sainȼte Tecle dans vne fosse
pleine de dragons? les innocens
dans la fournaise de Babylone?
& la chaste Iudith passera à trauers les armees des meschans,
sãs ternir le lustre de sa rare vertu ? Quand la rose est plantée
aupres des herbes puantes, elle
redouble ses douceurs, & l'in-
carnat de ses fueilles vermeilles,
Bathildé enuirónee de gens tels
que dit l'Histoire, a redoublé
l'esclat de sa vertu , & a poussé
vne odeur plus soüefue de la

saincteté de son ame. Mais laiſ-
ſons les morts où ils ſont, & ne
remuons pas les cendres ROYA-
les, laiſſons-les en repos, & iet-
tons y des Lys, & des ROſes à
pleines poignees, honorant leur
memoire. Ie dis donc que cette
ſaincte veufue deuint REGENTE
du ROYAUME, & fit ſes enfans
ROYS de France & de Lorraine,
& pour eſſay de ſa REGENCE fit
ce qui ne ſe pouuoit faire, c'eſt à
dire, fit vne bonne paix entre la
France, la Bourgongne, & la
Lorraine. L'ame des eſtats, c'eſt
le bõ ordre, & le ſalut des ROY-
aumes, ce ſont les bons conſeils,
& pour les bons cõſeils il y faut
trois choſes, pieté, ſageſſe, &
evnvraye fidelité bien des-in-
tereſſee,

tereſſee. Elle eſtablit donc vn
Conſeil Priué, où elle mit Cro-
dobert, ou Agilbert Eueſque
de Paris, Sainĉt Oüen Arche-
ueſque de Roüen, Ebroïn Maire du Palais, & d'autres vieil-
lards venerables qui eſtoient
blanchis dans les affaires, & ne
reſpiroient que la grandeur de
la Couronne de France. Ayant
donc aſſis ſon fils Clotaire dans
le throſne Royal de ſes Peres,
faiĉt receuoir Childeric ſon fils
pour Roy d'Auſtraſie, donné
la paix à tout cet Empire. Elle
commença à vouloir retrācher
les abus du ROYaume. La premiere choſe qu'elle fit heureuſement, ſe fut de deſraciner la
ſimonie, qui empeſtoit tout le

Clergé de ce mal-heureux fie-
cle. Helàs! pleuſt à Dieu qu'elle en eutvoirement arraché iufques aux dernieres racines, &
que l'eſpece en fut perduë; il en
demeura tout plein de filets qui
n'ont(mal-heur!) que trop ger-
mé depuis, & pouſſé grande a-
bondance de cette malheureu-
ſe graine. Elle eut au moins cet
honneur, que de ſon temps c'e-
ſtoit la choſe du monde la plus
infame & entierement bannie
de la France. Le ſecond edict
fut , que les Prelats ne pren-
droient rien donnant les Ordres ſacrez,ny pour les fonctiós
Epiſcopales. Le troiſieſme digne de ſa bóté fut,d'abolir pour
iamais vn impoſt,par lequel on

payoit tant pour teſte, tellemēt
que les peres aymoient autant
voir mourir leurs enfans , que
tous les ans payer tout plein
d'argent pour chacun d'iceux:
la France luy donna vn million
de benedictions, & penſa la ca-
noniſer toute viue: Par ce moié
fut chaſſé vn tas de ſang-ſuës, &
de partiſans mal-encótreux qui
n'auoiét de rien ſerui que d'ex-
cogiter des moyens de ronger
le pauure peuple , & luy caſſer
les ospour en ſucçer les moüel-
les. Par cet eſchátillon on peut
iuger de toute la piece, & s'imaginer aiſément les autresgrands
biens qu'elle fit à ce pauure
Royaume , qui commença à
reſpirer ſoubs ſa regéce, &ſoubs

les douces loix de sa sage con-
duitte. Si faut-il bié que ie vous
die, qu'elle auoit plus le cœur
au Royaume du ciel, qu'à celuy
de la France. Il semble qu'elle
n'estoit montée sur le throsne
de cet Empire, que pour mieux
descouurir la petitesse du monde; elle tira ce profit des grandeurs de cette vie, qu'elle con-
nut euidemment qu'il n'y auoit
nulle grandeur qu'en Dieu, &
que le seul moyen de regner so-
lidement, c'estoit de seruir Iesus
Christ; le goust des hôneurs de
la terre luy en fit entierement
perdre l'appetit pour iamais. Elle couuoit dans son cœur vn desir tres-ardent de tout quitter,
pour estre en la liberté des en-

fans de Dieu, & viure au Paradis du repos , & de quelque sacrée solitude. La grande ieunef-
se des Roys ses enfans la rete-
noit encore, & falloit au prealar
ble affermir leurs Couronnes.
Attendant donc en patience
l'heure de Dieu , & ce iour fortuné de son heureuse retraicte,
cette sage Princesse ne pensoit
qu'à donner à Iesus-Christ , &
embellir ses Eglises. On ne sçauroit croire combien elle fit bastir de Monasteres de fonds en
comble, tant d'hommes que de
filles: elle s'en rendoit fondatrice auec vne magnificence Royalle; elle donnoit des forests en-
tieres, des villages & de grandes Seigneuries , des pays tous

entiers , des Iuſtices hautes &
baſſes : ſi elle eut peu , ie croy
qu'elle eut donné ſon cœur , &
toutes ſes entrailles , tant elle
eſtoit ardéte au ſeruice de Dieu.
Iamais elle ne plaignoit ce
qu'elle donnoit à Dieu , trop
bien ce qu'elle ne donnoit pas,
croyant fermement que ce
qu'elle donnoit à Dieu eſtoit à
elle , ce qu'elle ne donnoit pas
eſtoit perdu pour elle , qu'vn
autre en ioüiroit qui ne luy en
ſçauroit ny gré ny grace. Ainſi
baſtit elle Corbie, Abbaye tres-
celebre , ainſi enrichit-elle Iu-
mieges en Normandie , ainſi
Luxeu en Bourgongne , ainſi
Ioüare , ainſi ſaincte Faye &
Fontenelle , & n'y eut qua-

ſi maiſon Religieuſe autour
de Paris qu'elle ne fonda, ou
n'enrichit de tres-grandes au-
moſnes : elle s'eſtédit encor iuſques en Normandie, Picardie,
Champagne, Bourgongne, &
dit l'Hiſtoire qu'elle enuoya à
diuerſes repriſes des ſommes
immenſes d'argent. Dieu ! que
ne peut faire vn cœur qui eſt
entierement à Dieu, & que ne
peut faire vne femme remplie
de vertu! S'imaginant la bonne
Royne que ſes pauures prieres
n'arriuoient pas iuſqu'au Ciel,
tant eſtoient-elles minces à ſon
dire : elle vouloit par vn beau
ſtratageme employer vn million de perſonnes à prier Dieu
pour elle, faiſant eſtat de plorer

par leurs yeux, de prier par leurs
bouches, d'aimer Dieu par leurs
cœurs, & participer ainſi à toutes leurs bonnes œuures. Pendāt
que tous les enfans d'Iſraël cō-
battoient à la cāpagne, nageant
dans le ſang de leurs ennemis,
Moyſe à la montagne leuoit
les mains au Ciel , & on diſoit
que ſes bras eſtoiét dans les bras
des gensdarmes de Dieu, & que
luy ſeul combattoit plus que
tous enſemble. Bathilde eſten-
dant ſa main aux pauures ſeruiteurs & ſeruantes de Dieu , qui
ſont les trouppes & les armees
du ʀoy du ciel, faiſoit ſon compte d'eſtre dās les mains de tous
les ſainⅽts ſoldats de Paradis, &
faire par eux , ce qu'ils faiſoient

pour le feruice du fouuerain
Seigneur du ciel & de la terre.
Ie ne vous diray point qu'elle
enuóya iufqu'à Rome vifiter S.
Pierre & S. Paul , leur offrant
des prefens dignes de la Maje-
fté d'vne Royne tres-Chreftié-
ne fille aifnee de l'Eglife. Tous
les prifonniers de Rome furent
confolez par fes liberalitez , &
pouuez bien croire qu'ayāt vn
fi grand foin des prifonniers de
Rome , que fa charité n'auoit
garde d'oublier ceux de France,
& tous ceux de Paris. Car il eft
vray qu'il n'y eut hofpital , ny
conciergerie , ny quafi Eglife,
ou lieu de pieté où elle n'impri-
ma à bon efcien des marques de
fa magnificence imperialemēt

Royale : vous eussiez dit que
l'argẽt lui croissoit en ses mains,
& que vuidãt les coffres de l'espargne de France, pour remplir
ceux de Dieu, qui sont les pauures de Iesus-Christ, que Dieu
aussi vuidoit les siens pour remplir ceux de France. Elle trouua
la vraye Alquemie, & le secret
de la poudre de proiection &
multiplication de l'or, & le trouua dans le sein de l'aumosne: car
il se peut dire, que le plus asseuré
moyen de trouuer cét pour vn,
& de iamais ne rien perdre, c'est
de dóner tout à Dieu, & l'asseu-
rer dans les coffres de l'eternité,
l'inuincible Princesse estoit parfaictement sçauante en cette
science du Ciel, dont le monde

se moque , & Dieu se moque
d'eux : car à veuë d'œil , leurs
maisons ne sont pas si tost faiƈtes , qu'on les voit fondre , aller en fumée , & se reduire à rié.
Les Annales de ce temps ont
fort bóne grace , disant qu'il est
du tout impossible de dire les
grands biens que fit cette sainƈte Princesse : ie le croy fermement , & ne veux point faire
l'impossible possible. Si veux-ie
dire deux choses , deuant que
mettre fin à ce discours sacré,&
tout plein de douceur. La premiere , c'est qu'elle fit defence
en France qu'on ne vendit plus
nul esclaue qui fut Chrestien,au
moins aux estrangers. Elle en
racheta vn grand nombre de ses

deniers, dont elle en mit en liberté vne bóne partie : pour les
autres, tant qu'elle pouuoit elle
les exhortoit à se faire esclaues
de Iesus-Christ, & entrer en
quelque saincte Religion, pour
y sauuer leurs ames, en quoy'elle eut, tout plein de bon-heur:
de façon qu'elle sauua & les
corps & les ames: quelle bonté!
La seconde chose, c'est que ses
Thresoriers qui murmuroient
vn peu de voir vne telle profu-
sion des finances de France, &
qui disoient que les gueux ab-
sorboient toute l'espargne, es-
pioient le temps pour luy representer, & reserrer vn peu sa
trop grande largesse. Ils firent
tant vn iour, qu'ils prindrét leur

à point, & attaquerent la bonne Dame en vn fort mauuais passage. Car comme ie ne sçay qui vint demander à sa Majesté quelque petite aumosne , & qu'elle eut commandé qu'on donna vne bonne somme d'argent: Madame (dit le Thresorier de l'espargne) si vostre Maiesté ne faict miracle , il est hors de mon pouuoir de luy donner vn teston : car il est asseuré que nos coffres sont vuides, & entierement espuisez; il faudroit des montagnes toutes d'or, & des mines infinies, pour fournir à la bonté de vostre Maiesté, qui ne refusant rien aux pauures, oste tout aux riches, & donnât tout aux hospitaux, mettroit ses en-

fans à l'hofpital, fi vn Roy pouuoit eftre à telle extremité, que
de mourir au coing d'vn hofpital. Que dirons-nous, Madame
au Roy noftre maiftre, quand il
nous demandera côpte de tout
fon domaine , & de fon efpargne, qui fous voftre Maiefté n'a
garde d'eftre efpargné , puis
qu'elle n'efpargne rien, & donne tout, & quafi plus que tout:
car maintenant encor qu'il n'y
ait rien, fi commāde-elle qu'on
donne. Pour moy, Madame,
certainement ie n'y ay nul inte-
reft, & ce que i'en dis à voftre
Maiefté, c'eft purement pour le
feruice du Roy mon maiftre;
mais ie la fupplie de confiderer,
qu'encor faut-il regler fes libe-

ralitez, & mesurer la mise à la
recepte, autremēt la vertu n'est
plus vertu si elle n'est reglée, &
mise ensa iuste mediocrité, hors
laquelle tout est excez, & excez
n'est plus vertu, quelque apparence qu'on luy puisse donner.
Si vostre Maiesté ne refuse rien
à personne, ie luy veux demander aussi bien que les autres: &
la coniurer au nom de Dieu, de
donner à Messeigneurs ses enfans ce qu'il leur faut, pour la
conseruation de leur grandeur.
Si quelque puissante armee ve-
noit maintenāt fondre sur leurs
bras, où irions-nous chercher
de l'argent, qui est le nerf & l'a-
me de la guerre? Si quelque autre occasion se presente, à qui

nous addrefferons-nous, les finances de France eſtant tout à
faict eſpuiſees, & ce torrét d'or
mis à ſec? Ie n'iray pas plus loin,
s'il faut donner vn eſcu d'aumoſne, puiſque voſtre Maieſté
ayme tant à donner, & ne refu-
ſe rien, où le prendrons-nous?
Voicy ce bon Pere qui demande vne aumoſne, elle me commande de luy dóner, & il m'eſt
impoſsible ſi ie n'en mendie par
emprunt. Qui donne tout, a cela de mauuais qu'il ne peut rien
donner, & ne pouuãt plus donner à ceux qui luy demandent,
faut qu'il demande à ceux à qui
poſsible il n'a iamais donné. Ie
demande pardon à voſtre Maieſté, & la ſupplie tres-humble-

mĕt d'agréer ma franchiſe,pleine pourtant du reſpect que ie dois,& qui n'eſt que zele du ſeruice du Roy , & du Royaume, & pour l'acquit de ma charge, & de ma conſcience. A tant ſe teut,& faiſant vne profonde reuerence ſe retira , croyant bien que ſa Majeſté eſconduïroit pour ce coup ce bon Pere, n'ayãt pour l'heure vn ſol pour luy donner. O Dieu que la charité eſt bien riche, trouuãt touſiours là meſme où il n'y a rien. Cette douce Princeſſe ſoubſriant s'auoureuſement,& monſtrant qu'elle prenoit en bonne part la remonſtrance de ſon Threſorier: Mon amy,dit-elle, nous ſommes plus riches que

vous ne penfez , & vous verrez
que la grace à Dieu , nous auõs
bien encor affez dequoy faire
l'aumofne aux feruiteurs de
Dieu. Par bonne aduenture elle eftoit ceinte à l'heure d'vne
ceinture Royalle & de fort
grand prix , fut-elle d'or , ou de
pierreries, l'HIftoire a oublié de
nous le faire fçauoir : tant y a
que d'vn vifage gay & riant,de
fes propres mains defliant ce
ceinturon,le baifant doucemét,
tenez mon Pere, voila que ie
vous donne , dites au P. Prieur
que ie me recommande à fes
bonnes prieres , & detoute fa
maifon,& que ie le prie d'auoir
fouuenance de prier noftre Seigneur pour le repos de l'ame du

feu Roy mon tres-honoré Seigneur & mary , & pour le Roy
Monſieur mon fils , & toute
ma famille. Ne me demandez
pas ſi le Threſorier fut bien
eſtonné, & toute l'aſſemblée :
car ils ſe regardoient l'vn l'autre comme gens tombez des
nuës, & en leurs cœurs admi-
roient la bonté incroyable de
cette Royne, le diamant des
Roynes, & le Phœnix de l'V-
niuers. Croyez-vous pas que
Ieſus-Chriſt qui fit tant d'eſtat
du bout d'vne mandille que S.
Martin donna au pauure d'A-
miens pour ſon amour, eſtima
grandement cette noble ceinture donnée de ſi bon cœur, &
auec tant d'amour? Pluſtoſt elle

eut donné son cœur, & tout
son sang, que de rien refuser
à vn homme de bien qui luy
demandoit vne charité au nom
de Iesus-Christ, pour moy iè
le croy fermement. Elle fit es-
crire à l'Abbé de sainct De-
nis en France, à celuy de sainct
Germain des Prez, à S. Agnen à
Orleans, à ceux de sainct Martin de Tours, a toutes les Abbayes celebres prés Paris, que
les Superieurs eussent vn grand
soin de faire garder les Regles
à tous leurs Religieux, & que la
discipline fut gardée inuiolable-
ment : pour les y conuièr fortement, elle leur fit expedier par
les Roys ses fils de tres-grands
priuileges, & donner de beaux

biens, en fin rien n'eschappoit à
ce grand cœur, & sembloit pro-
premét qu'elle eut enfanté toute la France , tant elle en auoit
vn soin plus que maternel.

De trois choses estranges qui luy
aduindrent en ce temps.

CHAP.   V.

D EVANT que ie
vous die comme
elle fonda cette
Royale maison de
Chelles, & pourquoy ; ie vous
dois dire au prealable ce qui luy
aduint enuiron ce téps-là qu'elle fit bastir cette noble Abbaye,

Sainct Eloy euesque de Noyõ,
Apostre de la Flandre, le Soleil
de son temps, estoit l'oracle de
saincte Bathilde: car cette Serenissime Royne auoit tousiours
recours à luy, & luy donnoit liberté de parler franchement, &
de luy dire tout ce qu'il iugeroit
pour son bien. Le sainct homme le faisoit de bon cœur, & a-
uoit vn merueilleux ascendant
sur l'esprit de la ʀoyne. Or comme il recõmandoit vn iour bien
ardamment cette treschrestien-
ne Princesse, & toute sa famille,
il eut vne estrange vision. Ie
voyois vne nuit (dit-il luy-mes-
me) vn beau Soleil, luisant à
merueille, qui tout à coup s'éclipsa sur les trois heures, faisant

Au-
doen.
in vita
S. Eli-
gij f. 2.
c. 31.
Sur. 1.
Dec.
ʙaron.
Ann.
664.

d'vn midy la minuit ; toſt apres
voicy vne demie Lune, blanche
comme criſtal eſtincellant, couronnée de trois eſtoilles brillan-
tes, elle fendoit le ciel, courant
cóme vn Soleil. I'auois les yeux
collez au ciel conſiderant ces
merueilles, quand voicy en vn
inſtant la Lune eſuanoüie, laiſſant là ces pauures eſtoilles ſeu-
lettes dans le ciel. Cela me donna de l'apprehenſion : mais ce
fut bien pis, quãd ie vis ces trois
eſtoilles quaſi s'entre-choquer,
& à coups de rayons ſe percer
l'vn l'autre, puis envn clin d'œil,
la plus belle des trois ſẽbla treſ-
paſſer & ſe perdre. Les autres
deux ſemblerent s'allier, & vouloir faire bonne cópagnie: mais

helas! tost apres , l'vne des deux
se plongeant dans la nuict , s'es-
uanoüit, & n'en demeura qu'v-
ne , qui se mouuant du costé de
l'Occident, deuint si rayonnan-
te , qu'elle sembloit plus belle
que le mesme Soleil. Cette vision ietta bien de la frayeur dãs
le cœur de ceux qui la sceurent:
& imaginez-vous quelles frayeurs transpercerent le cœur de
la Royne Bathilde , qui tenoit
sainct Eloy comme vn Oracle
du monde. Mais ce sainct per-
sonnage ne la voulut laisser dãs
cette obscurité , pleine de mille
terreurs , ains expliqua clairement la Prophetie, & predit de
point en point ce qui arriua en
son téps: A sçauoir, que Clouis,

le

le Roy Clouis son mary, & Soleil de la Frãce s'éclipseroit bien
tost, tombant dãs vn tombeau.
Elle, cette si belle Lune, ayant
gouuerné quelque temps ses
trois enfans, Clotaire, Childeric
& Thierry , sortiroit hors du
monde, & les laisseroit là. Ces
Roys s'entrebatteroiét, & Clotaire quitteroit bien tost la partie, & son throsne Royal ; tost
apres suiuroit le Roy Childeric,
en fin Thierry seroit seul plein
de gloire, & seul Monarque de
l'Empire François. Tout cela
n'estoit que trop clair, horsmis
ce mot ambigu de Bathilde
qu'elle quitteroit tout là: Est-ce
à dire qu'elle mourroit bié tost,
ou que vouloit-il dire? Vous le

D

verrez tantost, & faut Lecteur,
que vous vous donniez vn peu
de patience. La seconde merueille qui aduint fut cette-cy.
Ce diuin Prelat sainct Eloy tõ-
ba malade, & mourut sainctement à Noyon; la bonne Royne y courut auec toute la Cour,
desirant receuoir ces dernieres
paroles, & remporter sa benediction : mais Dieu voulut
qu'elle arriua trop tard, car
c'en estoit fait, & le sainct homme estoit allé en Paradis. Elle
pensa fondre en larmes : car
trois mois durant elle ne feit
que verser deux torrens de ses
yeux, & ieusna trois iours, ne se
nourrissant que de larmes & de
regrets, de n'auoir pas veu son

bõ Pere, & dit le dernier adieu.
On ne la pouuoit combler. Ah!
que les Sainſts qui ſçauent que
veut dire vn ſainſt, ſçauét bien
ce qu'ils perdent, quand ils perdent vn ſainſt! Comme elle aymoit vniquement cet homme
de Dieu, auſſi le voulut-elle faire porter en vn lieu où elle peut
ſouuent eſtre prés de luy, & en
tirer de la conſolation & de l'aſ-
ſiſtence, & ſe reſolut de le faire
porter au Monaſtère de Chelles, pour la raiſon que ie vous
deduiray tãtoſt. Elle commande donc qu'on prepare tout
pour faire la tranſlation, & que
cela ſe fit Royalement, & auec
toute magnificéce. Tout eſtoit
deſia preſt, quand voicy bien

arriuer des nouuelles ; iamais
on ne peut remuër ce corps
mort pour l'accómoder com-
me il falloit ; la Cour se remplit
de ce miracle: mais miracle à la
verité , qui ne plaisoit nullemét
du monde à la pauure·Princes-
se, qui d'effroy y accourut toute esplorée, & craignoit qu'on
ne la voulut tróper d'vne sainte
tromperie. Estant là , elle fit essayer par plusieurs reprises , &
auec effort,qu'on enleuât ce sacré corps , & qu'on le mit en
estat de le pouuoir transferer a-
uec magnificence digne d'vn si
grand sainct : mais iamais il ne
fut possible. Iamais femme ne
fut plus estonnee , & à peine
croyoit-elle ce qu'elle voyoit

deſes deux yeux. Bôté de Dieu!
qu'elle verſa de larmes, ne ſça-
chant plus à qui s'en plaindre
qu'à ſon cœur, & à ſes yeux. Si
ne ſe rendit-elle pas pour cela,
helas! nenny: car qui ayme n'eſt
iamais content qu'il ne poſſede
en fin ce qu'il ayme & en Dieu,
& pour Dieu. Elle ſe va aduiſer
d'auoir recours au ciel & aux
Anges, s'imaginant que ce que
les hommes ne pouuoient
faire, Dieu & les Anges le
feroient ayſément. Elle fit
donc commander par les Euef-
ques vn ieuſne vniuerſel l'eſ-
pace de trois iours, auec des
prieres continuelles pour adou-
cir le ciel, afin qu'il permit qu'ő
peut enleuer ce threſor, & le

transporter en lieu où il seroit
honoré selon son merite. Trois
iours sont trois mille ans à vn
cœur nauré d'amour de Dieu,
& des sainĉts : la bonne Dame
eut volontiers poussé le temps
auec l'espaule, pour faire voler
ces trois iours, & estoit en vne
sainĉte impatiéce de voir la fin
de ses ardens desirs. Toute la
consolation en cet entre-temps
c'estoit de plorer, d'estre collee
à cette biere où gisoit ce sainĉt
corps, de l'importuner par mille souspirs, & deux torrens de
larmes, afin qu'il lui pleust souffrir qu'on l'enleuat, & qu'on le
mit au lieu qu'elle cherissoit autant que sa vie & son cœur. Les
eslans de sa deuotion, & les ar-

deurs de sa charité la transpor-
terent bien iusques là, qu'à la
presence des Prelats, & de toute la Cour, elle voulut resolument le voir encor vn coup, &
descouurant sa saincte face &
sa poictrine, fondant en larmes
elle se ietta sur cette precieuse
relique, baisant cent fois ces
mains innocentes qui auoient
faict tant, & tant de miracles,
baisant cette bouche d'or qui
auoit si diuinement parlé, &
presché, & versé mille Oracles,
& gaigné tant de cœurs à Iesus
Christ : baisant sa diuine poictrine, qui auoit esté le temple
du sainct Esprit, & le Paradis
de toutes les vertus. Mais, ô
grandeur de Dieu ! pendãt que

cette bonne Princesse, console
ainsi sa deuotion tres-ardente,
voicy vn miracle : Car Dieu
permit que du corps de ce saint
homme , commença à couler
du sang en grande abondance:
or cela ne pouuoit estre natu-
rellement , parce qu'il y auoit
trop long temps que ce corps
estoit mort & tout glacé : tant
y a , les Euesques accoururent
auec leurs mouchoirs blancs,
pour recueillir ce sãg precieux,
la bõne Royne ne s'oublia pas,
afin qu'à tout euenement , si elle ne pouuoit auoir le corps de
ce diuin Euesque, au moins elle
eut de son sang , qui luy seroit
vne chere relique. Croyez-
moy, qu'vne seule goutte n'en

tomba pas à terre, & s'il en tomba, cela fut bien toſt recueilly,
& deuotieuſement par toute
l'aſſemblée. Cependant les trois
iours paſſent, les voila expirez,
la ſainƈte Roine de grand matin, accompagnée de toute la
Cour de France, s'enuole à l'E-
gliſe, pour eſſayer d'enleuer ce
noble depoſt. Toute la ville de
Noyon y accourut, & les pauures habitans ploroient à chaudes larmes, deplorant leur mal-
heur, qu'à viue force on leur ar-
rachat leur ſainƈt Paſteur, que
Dieu leur auoit donné. Ils dirét
tout ce qu'vne iuſte & ſainƈte
douleur leur fit ſortir du cœur,
& de la bouche, & firent là deſſus mille proteſtations : indubi-

tablement toute autre que la
Royne n'y eut iamais ozé penser sans plus. Le respect de leur
Souueraine leur fit raualler leur
cholere , & se contenterent de
recommander à Dieu leur bon
droict.   Les Seigneurs de la
Cour alleguoiét, qu'il n'appar-
tenoit qu'à Paris d'auoir vn si
riche thresor ; la Roine persi-
stoit que s'il sortoit de là, reso-
lumét que ce seroit pour Chelles. Parmy ces contestations,
vne saincte inspiration va tomber en l'esprit de cette tres-sage
Princesse , & va dire tout haut:
Mes amis, pour oster toute sorte de violences, & de griefs, fai-
sons que Dieu soit le iuge de
nostre different.   Si sa diuine

Maieſté veut que i'aye ce ſacré
corps , qu'il permette qu'il ſe
laiſſe emporter aiſémét:s'ilveut
qu'il demeure icy,qu'il le rende
immobile. Tout le monde en
tomba d'accord, & trouua fort
bon cet expedient,quoy qu'on
engageaſt Dieu à faire vn grád
miracle. On ſe met donc en deuoir de remuër ce ſainᙍ homme, & pluſieurs puiſſans hommes s'efforcerent de l'enleuer à
la veuë de tout le monde , mais
iamais ils n'y ſceurent rien gagner , non plus que ſi c'eut eſté
vne groſſe montagne.La Royne commáde qu'on en faſſeve-
nir d'autres , en voila vn bon
nóbre & des plus forts de toute
la trouppe qui s'aduancent , en

bonne deuotion, d'y faire tous
leurs nerfs tous enſemble: Auſſi
peu que les premiers: la pauure
Princeſſe qui ſe voit quaſi fru-
ſtree de toutes ſes attentes, craignant qu'on ne la trompat, &
qu'on ne ſe feignit à remuër ce
ſacré depoſt: oubliant donc ſon
ſexe, ſa qualité, ſon aage, & tout
reſpect humain, croiriez-vous
que la vertueuſe Princeſſe, toute trãſportee d'vn deſir incroyable, elle meſme, & toute ſeule
s'en va de roideur à la biere, biẽ
deliberee, à ſon dire de l'emporter? O que l'amour de Dieu eſt
violent! qu'il tranſporte eſtran-
gemẽt ceux qu'il poſſede: il me
ſemble de voir la Magdelaine,
qui dit à Dieu & aux Anges qu'õ

luy die seulemét, où est le corps
de son maistre bien-aymé, &
qu'indubitablement, quelque
part qu'il soit, qu'elle l'enleue-
ra. Or apres que la bonne Reine eut fait tous ses efforts, & bié
ahanné, pensant auoir autát de
bras que de cœur, & autant de
pouuoir que de deuotion, &
que iamais elle ne sceut rien gagner. Helas! fit-elle, mes amis,
Dieu est plus fort que nous,
puisque nous ne sommes pas
dignes d'auoir vn si rare threfor, & que sa volonté est qu'il
demeure à Noyon, qu'il y demeure donc à la bonne heure,
& crions-luy mercy de ce doux
attentat, ayant eu enuíe d'en-
treprendre cecy contre sa sain-

cte volonté: Pour moy, ie me
rends, & soubsmets toutes mes
volontez aux siénes, & suis plus
que tres-contente. Toutesfois,
puisque ie ne le puis emporter
auec moy, ie suis resoluë de demeurer icy aupres de luy, & attacher mon cœur à ses pieds, &
ne sera iour de ma vie que ie
n'aye souuenance de ce grand
seruiteur de Dieu, qui a eu si
grand soin de mon salut tandis,
qu'il a esté au monde , i'espere
qu'il sera mon aduocat là haut
en Paradis : Si se teut, & plora.
Il n'appartient qu'aux Saincts
de sçauoir l'honneur que meri-
tent les Saincts : car ils sçauent
bien ce que cela veut dire, & de
quel prix cela est deuant Dieu,

Elle se retira donc toute trem-
pee de ses larmes, & permit à
ceux de Noyon, de s'approcher
pour voir s'ils pourroient re-
muer leur Sainɛt Euesque, & le
placer là où il luy plairoit. Si
tost qu'ils eurent mis la main
pour sousleuer la biere, cela deuint si leger, & si maniable, que
deux hommes, fort à leur ayse,
enleuerét ce corps benit de leur
bon Pere, & auec grands cris de
ioye, les enfás de la ville le por-
terent où il leur pleut, & toute
l'Eglise retentit de cette douce
voix. *Mirabilis Deus in Sanɛtis
suis.* La bonne Royne bien es-
bahie de voir ce qu'elle voyoit,
& quasi ne croyát pas à ses yeux
ce que son cœur n'auroit pas de-

firé, enfin fe refolut de laiffer là
de beaux prefents , en tefmoi-
gnage de fon affection, & fe retira apres auoir efté trois iours
quafi fans mãger ny boire, que
fes larmes. Elle fit faire vne
croix tref-riche qu'elle fit ap-
pofer fur la tefte du Sainct, & de
plus vne chaffe d'argent d'vn
trefbel artifice, pour couurir fes
os facrez, difant: Ce bõ Euefque
a faict tant faire de chaffes aux
autres Saincts, c'eft bié la raifon
que nous luy en faffions vne. A
fon imitatiõ, tous les Seigneurs
de la Cour enuoyerent de grãds
prefents d'or , d'argent , & de
pierreries.

La troifiefme chofe qui arriua à cette heureufe Royne

mere,& Regente de France, se
fut vne Ambassade qui luy arriua de Paradis , de la part du
mesme sainct Eloy. Car ce grãd
homme ayant plus que iamais,
vn soin perpetuel de l'ame de
Bathilde,s'addressa vne nuict à
vn des Gentilshómes de chambre, & luy dit qu'il aduertit la
Royne , qu'elle ne fut plus si
braue, & si richement paree, si
elle auoit enuie de plaire à Iesus
Christ: Ce Gentil-homme n'o-
sa entreprédre de porter ce pa-
quet, & fit semblant de croire
que ce n'estoit qu'vn songe. Le
Sainct reuient la nuit suiuante,
& commanda la mesme chose,
& luy fit encor la sourde oreil-
le, & pria le Sainct de s'addres-

ſer à quelque autre pour faire
ce meſſage. La troiſieſme nuict
le bon Prelat reuint , & d'vne
voix plus aigre le menaça, que
s'il n'obeiſſoit, mal luy en pourroit bien prendre:ny pour cela.
De façon que voila vne groſſe
fieure qui vous le va ſaiſir , &
luy alluma tout le ſang qu'il a-
uoit dans ſes veines , de façon
qu'il bruſloit. Les plus forts pre-
dicateurs que Dieu ait , & qui
perſuadent tout ce que Dieu
veut, ce ſont de fortes fieures,
vn calcul, la goutte, & quelque
autre mal:car le cœur qui a faict
le rebelle, & le ſourd aux autres
voix, entend celles-là parfaictement bien, & bien viſte. Si toſt
que Bathilde ſceut ſon mal , ſe-

lon sa couſtume, elle le voulut
viſiter elle-meſme, tant elle e-
ſtoit charitable : s'informant de
ſon mal, & d'où il pouuoit venir, le bon homme prit au poil
cette occaſion, & dit tout ron-
dement à ſa Maieſté ce que S.
Eloy luy auoit ordonné de luy
dire, que pour auoir tiré en lon-
gueur il y auoit gagné cette fu-
rieuſe fieure, ſuppliãt tres-humblement ſa bóté qu'il luy pleuſt
prendre en bonne part ce qu'il
auoit charge de luy dire, qui e-
ſtoit en ſubſtance, qu'il falloit
qu'elle quittât ces dorures, &
toutes ces parades de la Cour,
& voulant eſtre ſeruante de Ieſus-Chriſt, qu'il falloit quitter
ces ornemens ſi riches, s'habil-

lant plus poſitiuement. Helas,
dit-elle, ne tient-il qu'à cela ! Si
vous eſtes auſſi toſt gueri , que
i'auray quitté cette mondanité,
voſtre fieure ne durera pas long
temps. Ie croyois ingenuëment
eſtre obligee pour conſeruer le
rang que ie tiens en France, d'e-
ſtre paree Royallement: mais
ſi vous voulez voir combien
peu i'y ſuis attachee, & combié
ie meſpriſe toutes ces vanitez,
dés auiourd'huy ie mettray bas
toute cette piaffe , & ne ſeray
iour de ma vie paree autremét,
que comme le bon ſainct deſi-
re. De faict, elle quitta tout , fit
tout vendre, & en donna partie
aux pauures , partie pour orner
la chaſſe de ce grand Eueſque

qu'elle honoroit si fort. Mon Dieu, qu'elle auoitbien le cœur destaché de toutes les grãdeurs, puisque au moindre mot, elle quitta toute la magnificence Royale, plus aysément possible que ne feroit vne simple Religieuse ou vne image, ou vn beau chapelet. Le mesme iour le Gentilhomme fut gueri, & monstra bien que sa fieure n'estoit pasvenuë par desreglemét des humeurs de son corps, mais par la desobeïssance de son ame.

Le glorieux Abbé de Fontenelle sainct Vvandrille luy dõna encor vn coup d'esperon pour luy faire plustost quitter le mõde, & faire littiere de tou-

tes ces vaines grandeurs. Car il
luy predit, que de ses trois fils
qui estoient tous trois Roys,
Clotaire son aisné, & Roy de
France mourroit à la fleur de
son aage, & qu'elle luy ferme-
roit les yeux : que Childeric le
second, & Roy d'Austrasie,
mourroit bien tost apres, &
d'vne mort desastreuse, & par
assassinat: Thierry le troisiéme,
seroit celuy qui mourroit le
dernier, & mourroit comme il
plairoit à Dieu. Cette Prophetie se verifia en son téps, mais la
saincte Royne voyát la briefue-
té de la vie de toutes ces testes
couronnees, voyant ces morts
tous les vns sur les autres, & ces
Royautez reduittes en poussie-

re,prit vne ferme reſolution de
tout quitter pour ſeruir ce grãd
Dieu, à qui ſeruir, c'eſt veritablement regner, & meriter la
vie immortelle.

De la fondation du Monaſtere Royal de Chelles, & comme elle s'y rendit Religieuſe.

CHAP. IV.

O N dit qu'il y a vn
poiſſon dans l'Ocean,
qui ayant veſcu long
temps parmy les orages de cet
element ondoyant,en fin ſe laſ-
ſe des tempeſtes,& ſe lançant à
terre ſur quelque belle pleine,

où dans l'espais de quelque noble forest, vit en repos le reste
de ses iours, broustant des fleurs
& la tendre verdure. Bathilde
ayant vescu dãs la mer des orages, & dans les flots de la Cour,
agitee sãs cesse de mille & mille vents, estoit tellement lassee
du monde, & du tracas des affaires, qu'elle ne respiroit que
la douceur de quelque amoureuse solitude, pour viure auec
les Anges, & parler auec Dieu.
Elle fit donc chercher vn lieu
qui fut bien propre pour ce
dessein, & pour y bastir vne
Abbaye de seruantes de Dieu.
Ses paroles sont remarquables,
& dignes d'estre escrites en lettres de fin or.   Allez dit-elle
cherchez

cherchez-moy vn lieu, où on puiſſe auoir là veuë libre du ciel, ſans aucun empeſchemét, & là nous baſtirons le monaſtere. La terre luy ſembloit ſi orde & ſi puante, les villes ſi embaraſſees, l'air de la Cour ſi eſpais & ſi contagieux, qu'on ne pouuoit voir à trauers pour regarder vn bon coup le ciel, & y enfoncer vne bonne & deuotieuſe œillade. Allez dóc, dict-elle, qu'on trouue vn lieu d'où on puiſſe voir le Ciel à ſon aiſe, & de cette véuë reſiouïr ſon pauure cœur. Perſonne ne le ſçait s'il ne l'experimente, la ioye que ſent vne belle ame, qui ne gouſte plus rien icy bas, quand en ſainɛte liberté & en

vne douce folitude, elle darde
fon cœur par fes yeux, confide-
rant la beauté du Ciel ; foit de
iour, voyant cette riche voute
doree toute allumee des rayós
du foleil, qui eft la vraye image de la diuinité ; foit de nuict
en vn profond filence de toutes les creatures , regardant à
fon aife cette noble imperiale
du monde, marquee de cloux
dorez de ces luifantes eftoiles,
entées dans l'azur , & que la
Lune argentine, fymbole de la
faincte Vierge , va fendant le
Ciel & la nuit de ces rays innocents confolát nos ennuis: mais
plus encor quand on s'imagine
que cela n'eft que le planché
des Anges, & l'entre-deux de

Paradis & nous. Helas ! quelle douceur, quand les yeux & le
cœur outre-percent ces Cieux
& donnent iusqu'à Dieu, anti-
datant le bon-heur de son ame,
& essayant par auant-goust ses
infinies delices & ces torrents
des plaisirs eternels. O, disoit
vn grand Sainĕt, que la terre
me put, quand seulement ie regarde le Ciel! c'est donc ce que
cherchoit cette sage Princesse.
On ne trouua point aux enui-
rons de Paris lieu p'us propre
pour son desir que le lieu où est
assis maintenant l'Abbaye de
Chelles, où saincte Clotilde
auoit faiĕt bastir vn fort petit
Monastere, & vne Chappelle
dediée à sainĕt George. A la

verité , aussi est-il delicieux
pour l'ame & pour le corps ensemble. Car c'est vne grande &
tres-belle prairie quasi tous-
jours couuerte d'vn verd tres-
vigoureux , parsemé de cent
mille , & cent mille fleurettes
tout autour: mais en belle di-
stance est vn grand Amphi-
theatre de petites collines cou-
uertes de toutes sortes de fleurs,
de fruicts , de biens, de maisons
de plaisances , qui couronnent
cette prairie, sans luy offusquer
l'air , ny luy desrober la veuë
du Soleil & du Ciel. La riuiere
de Marne serpentant à trauers
cette plantureuse campagne,
passeméte &borde le pré où est
Chelles, & le nourrit bien gras-

sement, là on descouure vn espace infiny du Ciel : & qui ayme bien Dieu, & le Paradis, ne
se saoule iamais de contempler
en repos la clairté de ce Ciel qui
se void là en sa pleine beauté.
On fit le rapport à sa Majesté,
qui gousta fort l'assiette, & ordonna qu'on bastit vn Monastere Royal au lieu de ce petit
edifice de saincte Clotilde ; Ce
qui fut fait à son contentemét.
Elle le dota Royallement, at-
tribuant villages , forests , de
grands reuenus, de grands priuileges, & n'y oublia rien ; fit
que ses trois fils de leurs mains
royales signerent la fondation,
fit apposer les sceaux, & tout ce
qu'il y falloit de ceremonie y

fut gardé amplemēt. Qui veut
voir la faincte bonté de ce tēps
là, & le zele de la faincte Royne, il faut lire ce qui eft au bout
de fa donation, qui doit eftre
aux Archiues de Chelles. Car
elle menace là dedās tous ceux
de la pofterité qui feront fi o-
fez, & fi infolents, que d'atten-
ter quelque chofe là contre,
d'innouer, de diftraire, & d'v-
furper : & les menace au nom
de la faincte Trinité, de damnation eternelle, du rigoureux
iugement de Dieu, & d'eftre
mis tout aupres du traiftre Iu-
das au plus profond d'Enfer.
Tant elle auoit enuie que fa
donation fut eternelle & inuio-
lable. Cela faict elle fit venir

vne tres-vertueuſe Religieuſe
nommée Bartille , d'vn prochain Monaſtere de Iouarre,
pour la faire Abbeſſe de Chelles, & eſtablir là vn conuent de
bonnes & ſainƈtes filles : ce qui
reüſſit à ſon parfaiƈt contentement. Deſlors elle ſe ſentit in-
ſpirée de Dieu de tout quitter,
& ſe rendre là dedans pour y
viure le reſte de ſes iours religieuſement : ie croy que ſa ferueur laporta iuſques là,d'en faire vn vœu formel ſur l'autel de
ſon cœur. Or voicy donc la té-
peſte, & bien furieuſe:car apres
auoir attendu bien long temps
apres le treſpas de ſon mary &
de ſes deux enfans tous Roys;
apres mille & mille calamitez

qui luy auoient percé & reper-
cé le cœur de sanglantes espines ; en fin si fallut-il rompre
tous les liens, dire adieu au móde, & quitter le diademe d'or
de la France, pour prendre la
couronne d'espines de Iesus-
Christ. Elle se resolut donc d'en
entamer le propos au Roy
Thyerry son fils, aux Princes,
aux Seigneurs de son Conseil,
ministres de l'Estat ; & Dieu
sçait si tout le monde fut eston-
né d'vne telle nouuelle. On ne
parloit que de cela à la Cour,
& par tout Paris, & chacun en
discouroit ainsi qu'il l'enten-
doit. On luy donna mille atta-
ques de tout costé, on luy mit
deuant les yeux vn million

d'obſtacles : la verité eſt que
chacun en forgeoit plus pour
ſon intereſt , que pour autre
reſpeƈt. Iamais on ne void le
monde plus eloquét, que quãd
l'intereſt anime le diſcours, ou
quand il faut deſtourner quel-
qu'vn du ſeruice de Dieu. Veritablement vous diriez à les
ouyr cauſer, que les Conuents
ce ſont des conciergeries ; les
cellules, des tombeaux où on
enſeuelit les filles toutes viues;
la profeſſion, vn teſtament d'v-
ne qui a la mort entre les dents;
l'habit de religion, vn drap de
mort, & le voile vn ſuaire, &
qu'à la veſture il ne faudroit
chanter autre Meſſe que de *Re-*
quiem, ny autre Pſeaume que

le *De profundis.* Folie à eux, helas ! la grande folie, & d'autant
plus folle, qu'ils penſent eſtre
bien ſages en diſant ces ſottiſes!
Car il eſt aſſeuré que Chelles,
& tout Conuent, où on garde
bien la diſcipline religieuſe, eſt
vn vray Paradis terreſtre, les filles autāt d'agneaux, de colóbes,
ou d'Anges ; la profeſſion vn
contract paſſé entre Dieu &
l'ame, pour acheter la vie eternelle, l'habit ſont les couleurs,
& la liurée de Ieſus-Chriſt &
du Ciel; la cellule, vne douce ſolitude, où il y a autant d'Anges
que de filles, & Dieu ſouuent
ſe trouue au beau mitan : bref,
qu'il n'y a ſous le Ciel bó-heur
comparable à vn cœur qui ſert

Dieu . Ouy : mais il faut
auoir la lumiere du Ciel pour
voir ces ſainĉtes beautez, ce
que le monde n'a pas : auſſi en
iuge-il tout au rebours, tant eſt
il beſte, & tant eſt-il brutal ne
pouuât comprendre les vrayes
grandeurs de Dieu. Voicy dóc
vn des Principaux du Conſeil
nommé par le Roy, & par ſes
Princes, & Miniſtres, qui vient
porter la parole à la Royne,
auec vne grauité incroyable,
& comme s'il euſt deu dire des
Oracles, il fit mille compli-
ments, mille excuſes, demanda
mille pardons s'il diſoit quelque choſe qui peut deſplaire à
ſa Majeſté ; qu'il auoit ſuplié
qu'on deputât quelque autre,

qu'il aimeroit mieux mourir
que de contredire vne si sage
Royne, la Mere du Royaume,
& de leurs trois derniers Roys,
l'Oracle de son Siecle, & la plus
sage Princesse de la terre; enfin
finale apres auoir dit tous ces
beaux mots dorez, il vint à sa
harãgue. Madame, ie suis chargé de dire à vostre Majesté,
qu'on trouue tres-mauuais la
resolution qu'elle dit auoir prise d'abandonner le Royaume
pour se retirer àChelles. Si c'est
bien fait, nous ferons mieux
tres-tous de nos enfuir, & mettre le Royaume à l'abandon, &
le gouuerne qui voudra: Si c'est
mal fait, pourquoy donc est-ce
que vostre Majesté le fait? ia-

mais elle n'a rien fait sans conseil qu'à ce coup, & c'est ce qui
rend la chose fort suspecte; que
si elle a pris quelque conseil, il
faut que ce soit de quelque petit Moyne, & quelque ame
scrupuleuse, & qui ne sçait que
c'est de gouuerner vne puissante Monarchie. Cela seroit bon
pour de petites ames, & des fé-
melettes qui ne seruent pas de
grande chose au monde : Mais
vostre Majesté qui soustient
cet Empire, & qui en tient le
timon à la main & si heureuse-
ment, qui luy peut donner ce
mauuais conseil que quelque
esprit foible, & quelque scru-
puleux? Si c'est pour faire seruice à Iesus-Christ, vous en ferez

plus en vne matinee gouuer-
nant ce Royaume , que vous
n'en ferez en cent ans dans cette prison de Chelles. De fait,
que ferez-vous là, sinon dire
force patenostres, & quelque
petite meditation; cependant
qui nourrira les pauures, qui
fondera des Hospitaux, qui de-
fendra les vefues & les orphelins, qui bastira des Abbayes,
qui fera vn million d'aumosnes
par tout le Royaume, qui em-
peschera le retour de la Simo-
nie, qui le torrent des vices, qui
la perte de cette Monarchie,
qui fera tous les biens que vostre Maiesté a fait, & fait incessamment? Tellement que la
France est en larmes, & au de-

sespoir voyant ce qu'elle a enuie de faire. Si par l'absence de
sa personne Royalle vn deluge
de pechez couure la face de la
France, qui en respondra deuãt
Dieu? Le Roy du ciel, qui d'esclaue l'a fait Royne d'vn si
puissant Empire, est-ce affin
qu'ellequittât tout là? luy a-elle
donné vn fils Roy, pour le laisser dãs les hazards sans secours,
& le mettre au pillage? Si elle
aime tant le repos, & la solitude, de prier Dieu en silence, &
à son aise: l'Abbaye de Chelles
est tousiours ouuerte, & à deux
pas d'icy, & y a cét maisons où
vostre Maiesté peut prendre
quinze iours voire vn mois
pour se remplir des delices du

Ciel & de toutes ces petites deuotions, puis apres reuenir aux affaires. De nous alleguer icy ie ne sçay quel vœu, c'est chose de peu de consideration : ie suis mauuais Theologien, mais ie suis pourtant encore assez sçauant pour dire, que le Roy vostre fils a assez de credit enuers le Pape pour en auoir la dispence. De dire que ce sont des inspirations , & que Dieu le veut : Helas ! Madame, ie serois bien meschant si ie voulois m'opposer à la volonté de Dieu : mais comme sont choses fort incertaines, vostre Majesté fasse iuge de ce poinct Messieurs les Prelats de France, & suiue en cela leur aduis :

ils en respondrót deuant Dieu, & prendront cela sur leur conscience, & toute la France n'aura plus rié à dire: autremét s'il arriue du mal-heur à cette Couronne, le diamát des Couronnes du monde, i'ay charge de dire à vostre Majesté, de la part de tous les Seigneurs du Conseil d'Estat, & Officiers de la Couronne, que deuant le Ciel & la terre nous nous en deschargeons, & voulons que toute la posterité sçache, que nous n'auons pas manqué de le representer à vostre Majesté auec vne tres-humble remonstrance, nous iettant à ses pieds comme ses tres-humbles, tresobeyssants, & tres-fideles sub-

jects & seruiteurs. A tant ils firent tous vne tres-profonde reuerence. La sage Royne, qui
de vray estoit la meilleure
Princesse de la terre, soubsriant
doucement, & les regardant
tous d'vn œil plein de benigni-
té: Vrayemét dit-elle, ie prend
en tres-bonne part tout ce que
vous m'auez dit; iamais on ne
me representera chose aucune
pour le bien de l'Estat du Roy
Monsieur mon bon Fils, & de
la France, que ie ne l'embrasse
de tous les deux bras, & y mettray tousiours non seulement
ma peine, mais mon sang &
ma vie. Ie suis grandement có-
solée de voir que vous auez
agreable ma conduite, & que

vous croiez que mes trauaux
ayét esté profitables à la France: ie vous diray auec rondeur,
que cela redouble mon courage, pour m'employer à faire
florir ce Royaume. Or ne crai-
gnez donc plus, ie ne precipite-
ray rien en cét affaire, & pren-
dray conseil ainsi que vous-
mesmes m'en auez supplié. Ie
vous donne ma parole que ie
n'iray point à Chelles, que
vous n'en soyez d'aduis, & que
vous mesmes ne m'y condui-
siez : mais il faut aussi que ie
vous die franchement que le
cœur me dit, que ce puissant
Seigneur, qui par dés puissans
attraits m'inuite à la solitude,
touchera vos cœurs si puissam-

ment, que bon-gré, mal-gré il
faudra que vo⁹ faſſiez joug, &
que vous m'y meniez vous-
meſmes. Ces Meſſieurs ſe prin-
drent à ſoubſrire, & croyoient
bien auoir gagné leur cauſe,
faiſant leur compte, que ſi autres qu'eux ne l'y menoient, indubitablemét elle n'y mettroit
iamais le pied. Si firent de rechef vne grande reuerence &
s'en allerent tous grandement
ſatisfaicts, & les plus contents
hommes du monde. Mais mon
Dieu, que les plus ſages du
monde ſont fols, & que leurs
conſeils ſont friuoles, & ridi-
cules, quand ils penſent renuer-
ſer les conſeils de la diuine prouidence. Les Pigmées (ce dit-

on) trouuant vn iour le Grand
Hercules qui dormoit, l'affie-
gerent auec vne puiffante armée , & penfoient bien à ce
coup en faire la derniere vengeance, il s'efueilla au bruit, &
remüant vn bras il renuefa, &
efcrafa la moitié de l'armée : Et
les Philiftins furprenant auffi
Samfon, croyoient vn iour de
s'en pouuoir desfaire; mais d'v-
ne machoire d'afne, il vous les
efcarta bien vifte, & renuerfa
tout fur l'herbe leur faifant
mordre la terre. Les hommes
plus Nains que les Pygmées,
ofent quelquefois trauerfer les
deffeins de Dieu, qui d'vn fouf-
fle terraffe tout cela & en faiƐt
de la cendre. Vous allez voir

maintenant comme Dieu for-
ça à viue force tous ces Mef-
fieurs de faire ce que la bonne
Dame leur auoit predit, qu'ils
feroient contraints de la mener
eux-mefmes à ce benit Chelles
qu'elle cheriffoit fi tendremét.
Car il faut que vous fçachiez
qu'il y auoit vn Prelat nommé
Sigebrand, qui fe rendoit into-
lerable par fon orgueil, & in-
fupportable à toute la France;
fut-il vray ou non, tant y a
qu'il eftoit le blanc de la haine
publique, & on ne vifoit à autre chofe qu'à s'en desfaire à
quelque prix que ce fut. Et cóme les efprits s'efchauffoient
par leurs difcours mutuels, il
arriua que fans forme, ny figu-

re de procez , ils ſe ſeroient ti-
rez par ie ne ſçay qui, quelques
coups qui auroient porté par
terre tout roide mort le pauure
homme. Mais cóme c'eſt l'ordinaire , l'aſſaſſinat ne fut pas ſi
toſt fait, que ceux qui l'auoient
commandé ſe ſentirent boure-
lez la conſcience, & commen-
cerent à entrer dans des appre-
henſions eſtranges. Si la Royne Mere a le vent de ce meur-
tre , ce diſoient-ils, elle qui honore infiniment les Eueſques,
& les Preſtres, aſſeurement elle fera faire vne perquiſition ſi
viue, & fera faire vne iuſtice ſi
rigoureuſe, qu'indubitablemét
nous ſommes perdus ſans re-
ſource. Iamais vous ne viſtes

gens si estonnez : mais voyant
l'orage prest à se sousleuer con-
tr'eux du tout ineuitable, ils se
mirent à chercher les moyens
d'aller au deuant de leur perte
euidente. Apres auoir mis sur
le tapis mille sorte d'expediéts,
& mille artifices , rien ne les
contentoit.   Parmy ces deses-
poirs il va tomber en l'esprit
d'vn d'entr'eux vne pensée qui
les sauua trestous : fut-ce inspiration de Dieu, qui du mal tire
souuent du bien : fut-ce le desespoir qui luy fournit ce conseil. Bref, il va dire que la Royne Mere leur auoit autrefois
promis qu'elle ne se rendroit
iamais à Chelles qu'ils n'en fussent d'aduis : mais aussi que
quand

quand ils auroient mis la main
à leur conſciéce, & qu'ils trou-
ueroient bon de la laiſſer aller
là où le bon Dieu l'appelloit,
que tout auſſi toſt elle briſeroit
là , & quitteroit toute ſorte
d'affaires pour voler à cette
douce ſolitude. Son aduis donc
eſtoit qu'il priſſent iour pour
luy aller parler, & luy dire qu'ils
eſtoient forcez de dire à ſa Majeſté qu'ils eſtoient contraints
de donner les mains, & trouuer
bõ qu'elle ſe retirãt au pluſtoſt
à Chelles. Cét aduis fut trouué
parfaiƈtement bon, & comme
tombé du Ciel: ils prennét iour,
ils s'en vont au Louure, entrent
au cabinet de la Royne Mere,
demandent tres-humblement

F

pardon à sa Majesté de la grande faute qu'ils auoient faite
mettât obstacle à sa saincte resolution : alleguant qu'elle
auoit esté Prophete & leur
auoit bien predit que nostre
Seigneur leur toucheroit le
cœur : que veritablement cela
leur estoit arriué, qu'ils prote-
stoient que iamais plus ils ne
s'opposeroient à vne si saincte
& si genereuse entreprise,
qu'eux mesmes desiroiét auoir
l'honneur de l'y mener, & que
le plustost de vray ce seroit le
meilleur ; qu'ils auoient consi-
deré que ses sainctes prieres auroient plus de force que ses sages Conseils , & qu'ils attire-
roient plus de benedictions du

Ciel ſur la perſonne du Roy, &
ſur tout ſon Eſtat , que ſes larmes eſteindroient les flammes
de rebellion bien mieux que
ſes paroles; que la ſainƈteté de
ſa vie ſeroit tout le bon-heur
du Royaume : qu'on diſoit
d'ordinaire que les lis ſe ſer-
uoient de leurs larmes , & que
cette ſeule eau eſtoit capable
de les faire refleurir quand ils
ſemblent fleſtrir ; ſi cela eſtoit
vray en la nature, il le ſeroit bié
mieux en la grace, & que les lis
de France ne fleſtriroient iamais tandis qu'ils ſeroient ar-
rouſez des ruiſſeaux de ſes beni-
tes larmes : Que la ſainƈte veſ-
ue Iudith auoit trouué dãs ſon
Oratoire le moyen & la force

de terrasser tous les ennemis du peuple de Dieu, & qu'elle à Chelles en feroit tout autant pour le bien de la France. Outre qu'elle ne feroit point si esloignée de Paris, ny tellemét abysmée dans la deuotion qu'aux necessitez elle ne peut bien donner quelque heure, & nous faire part de ses tres-sages Conseils, & consoler & fortifier le Roy en ses resolutions royalles & importantes. Outre qu'encor falloit-il que la Fráce considerât, que sa Majesté ayant tant, & si long-temps trauaillé, & souffert mille maux pour la conduite des affaires d'Estat, il estoit plus que tres-raisonnable qu'elle print vn

peu de repos, & refpirât dãsvne
grande paix de la facrée folitude, l'efcartant du tintamarre
des affaires du monde ; qu'il
eftoit bien feât de pluftoft penfer à la remercier des peines in-
croyablesqu'elle auoit fuppor-
té pour maintenir la France en
fa grandeur, que l'importuner
de nouuelles furcharges, & en
tirer iufques à la derniere goutte de fon fang: Qu'ils s'eftoient
mefme fouuenus, que plufieurs
Roys & Roynes apres auoir
vaqué long-temps au tracas
des affaires de la terre, auoient
en fin fort fagement fonné la
retraitte, & s'eftoiét fequeftrez
du monde pour penfer aux affaires du Ciel, & de l'Eternité,

& que c'eſtoit choſe ſi loüable
qu'ils auoient tous grand re-
mords de côſcience de s'y eſtre
oppoſez, & que partant de rechef ils en demandoient tous
humblement pardon à ſa Majeſté & s'offroïét d'auoir l'honneur de luy faire compagnie, à
toute heure qu'il luy plairoit ſe
retirer au Paradis terreſtre de
la Religion, & à ce lieu tres-
fortuné de Chelles, aſſeurant
que l'exemple de ſa Majeſté ſeroit cauſe que pluſieurs d'entr'eux penſeroient poſſible à
l'imiter & ſe retirer hors du
monde, & que cét exemple at-
tireroit vn million de perſonnes de qualité à renoncer aux
folles grandeurs du móde pour

feruir Iefus-Chrift. Le cœur
fautoit d'aife à la bonne Royne pendant que cét homme
parloit, & comme elle eftoit la
bonté mefme, & auec fa fimple
candeur elle creut que c'eftoit
Dieu qui parloit par leur bouche ; de fait auffi eftoit-ce, &
que ces Seigneurs fiffent cela
par pure deuotion , en quoy
cette fimple Colombe eftoit
fort trompée . Ma plume ne
fçauroit exprimer le bó vifage
qu'elle leur fit , cóme d'vn œil
fauorable, d'vne face toute ouuerte & couuerte d'vne extreme ioye: d'vne parole agreable
elle les remercia tres affectueu-
femét, qu'elle s'eftoit bien toufiours promife cette faueur de la

bonté du Ciel, & que noftre
Seigneur l'auoit infiniment o-
bligée de leur toucher le cœur,
qu'elle n'oublieroit iamais le
plaifir qu'ils luy faifoient , &
qu'il ne feroit iour de fa vie
qu'elle ne priât pour eux , &
pour tous ceux qui contribue-
roient quelque chofe à ce contentement, qui eftoit le feul
qu'elle defiroit en ce monde,
qu'il ne falloit point perdre le
temps en paroles de compli-
ment,& qu'ils fe tinffent prefts
au premier iour ; car auec la
bonne grace du Roy Monfei-
gneur fon fils ,elle partiroit au
pluftoft. Le Roy trouua bon
tout ce qu'il luy pleut: fallut
prendre congé des Princes,des

Princeſſes, & de toute la Cour,
iamais on ne vit tant de larmes,
ny le Louure en pl° grãd dueil,
elle ſeule rioit: mais d'vn ſi bon
cœur, la bonne Princeſſe, qu'il
ſembloit proprement qu'elle
s'en allât en Paradis: certes auſſi
faiſoit-elle. Le iour dõc qu'elle
ſortit d'Ægypte pour aller à la
terre de promiſſion, tout Paris ſortit de Paris pour aller à
Chelles, partie par deuotion,
partie par curioſité, & pour
voir vne puiſſante Royne deuenir humble ſeruante de Ieſus - Chriſt, foullant aux pieds
toutes les plus releuées grandeurs de ce bas monde. Sainĉts
& Sainĉtes de Paradis, qui nous
dira la ioye extreme de l'Ab-

beſſe Bertille , & de toutes ces
vertueuſes filles ſeruantes de Ieſus-Chriſt, voyans arriuer leur
bonne Mere pour viure auec
elles au ſeruice du Roy des
Roys? Ie ne ſçay s'il eſchappa
point à l'Abbeſſe, par vn excez
de ioye, ou par vne deuote ſimplicité de ſe ſeruir du lãgage de
Saincte Elizabeth, & s'eſcrier:
Dieu ! & d'où nous vient cette
miſericorde, que la mere de
mon Seigneur & de mon Roy
vienne en cette ſienne maiſon
voir ſa tres-humble ſeruante?
Certainement mon cœur ſaute
de ioye dans ma poitrine, &
mon ame eſt ſi remplie d'vne
conſolation exceſſiue , que ie
ne ſçay quel langage tenir. Les

cœurs ſe r'ouurirent, & les torrents de larmes commencerét
de rechef à couler des yeux de
toutes les Princeſſes & de ceux
à qui la ſainĉte Royne dit à
Dieu: Mais elle, ce cœur de diamant, entra là dedans, comme
ſi c'eut eſté le Paradis terreſtre,
eſtimant que le plus beau iour
de ſa vie eſtoit le premierqu'elle mettroit au ſeruice du grand
Dieu, & celuy auquel elle quit-
toit toute la terrepour en acheter tout le Ciel. On chanta le
Te Deum, & on ſit tout ce qui
ſe peut faire pour remercier
Dieu d'vne ſi extraordinaire
faueur que Chelles faiſoit à la
Royne, & la Royne à Chelles,
& Dieu faiſoit à Chelles & à la

*Sa vie dans le Monastere, sa
premiere tentation, ses eminentes vertus, & comm'il
faut faire pour faire une sain-
Ete en la Religion.*

CHAP. VII.

LEs premieres fleurs qu'on luy presenta, ce fut vne coronne d'espines, & le premier plat dont on la seruit, ce fut vn plat plein d'absinthe, & d'amertume; Car nostre Seigneur quand il veut faire des Sainéts il a coustume de ne point flatter ses bons ser-

uiteurs par mille careſſes ſpiri-
tuelles : mais ſouuent il les mene rudement par vn chemin
rabboteux , & permet qu'ils
ayent mille & puis mille peines. Ceux qui ne ſçauent que
c'eſt que ſeruir Dieu, ils ſe figu-
rent des douceurs & des con-
ſolations, & de la manne, &
croyent que pour eſtre bon
Religieux il ne faut que cueillir des roſes, & des lis, & ne mãger que du miel, c'eſt à dire, viure parmy des ſatisfaĉtions
perpetuelles, ſans iamais ſouffrir aucun mal. Beſtiſe, helas! &
au moins vne grande ſimplicité, & ignorance de la vraie vertu, & de la ſolide perfeĉtion &
ſainĉteté! Quand Ieſus-Chriſt

nâquit le Pere eternel ne luy
fait quaſi autres careſſes que de
le ietter dans vne eſtable en
naiſſant , & ſur de la pauure
paille:tout auſſi toſt il vous luy
fit tirer du ſang par la Circóci-
ſion,& en moins de rien il permit qu'il fut banny &chaſſé en
exil & en Ægypte. Pour faire
des Sainᛐs ,il les faut ietter ſur
ce moule , & faut que les premieres pierres du baſtiment de
la perfection ſoient bien mar-
tellées à bon eſcient.   Voyla
pourquoy ce grand Dieu permit qu'apres quelques premieres douceurs ſe ſoubſleua vn
orage contre la bonne Reyne
pour eſprouuer ſa vocation, &
la fermeté deſon cœur. Ce qui

l'vlcera grandement, & luy fut
fort ſéſible ce fut, que cette petite borraſque luy vint de la
part de quelques creatures
qu'elle auoit nourries quaſi dãs
ſon ſein, & auec beaucoup de
tendreſſe. La vieille chronique
parle ſi ambiguëmĕt, qu'il ſemble quaſi qu'elle vueille dire
que ce furent quelques vnes
meſme des Religieuſes de
Chelles qui luy firent vn peu la
guerre. Choſe eſtrange de l'in-
conſtáce & volubilité de cœur
humain ! ces bonnes filles qui
l'auoient receuës comme vne
Saincte du Paradis, commevne
puiſſante Royne, comme leur
bóne mere, voicy en moins de
rienqu'elles oublient tout cela,

& luy donnent bien de l'exercice, & bien aspre. La bonne
Princesse aux premiers assauts
à la verité fut infinimét eston-
née, si fut bien Ioseph quand il
se vit trahi par ses propres freres, & deualer dans vne vieille
cisterne cassée & toute à sec:
toutesfois depuis il recognut
que c'estoit vn ieu amoureux
de la saincte prouidence de
Dieu. Certainement disoit la
saincte Royne, i'attendois de
tout autre part cete tempeste,
& n'eusse iamais creu, que pour
vne bien venuë on m'eut fait
vne si triste reception : i'auois
commandé qu'on mit Chelles
en vn lieu d'où on peut regarder à son aise le Ciel, estant si

desgoustée de la terre , & m'e-
stois imaginée qu'estant icy ie
serois en vn profond repos , &
que mon ame seroit comme
rauie en Paradis. Bóté de Dieu!
il me faut bien changer de sty-
le, & i'ay bien trouué icy à qui
parler.Elle se mit à faire anato-
mie, & esplucher toutes ses
actions pour voir quel subiect
il y pourroit auoir de mescon-
tentement: l'innocente seruante de Dieu ne sçeut iamais rien
trouuer, & s'apperceut bien
que c'estoit Dieu qui la vouloit façonner à la perfection,&
luy faire sçauoir que la solide
vertu ne consiste pas à ne rien
faire,à viure en vne tranquillité perpetuelle , & imaginée &

à ne rien souffrir : au contraire
qu'il falloit auoir mille peines,
estre combattuë de pensées, de
tentations, d'indiscretions, de
ialousies, de murmures,de mespris,de tristesses, d'ingratitude,
& que c'estoient là les vrayes
limes qui donnent le poly à la
vertu,& espurent nos affectiõs,
& les seruices que nous ren-
dons à Dieu. Ce n'est pas en ce
monde où il faille faire son
compte de n'auoir rien à faire,
que de regarder le Ciel à son
ayse, & voler en Paradis par
les yeux, & par les souspirs,cõ-
me la bonne Royne s'estoit fi-
guré, faisant chercher vn lieu
pour bastir vn Monastere,d'où
on peut regarder le Ciel à pur,

& à plein. Et pour vous dire
le vray, ie croy que Dieu luy
permit cette petite perſecutiõ
pour la deſtromper. La plus
grande partie du monde eſtans
ſi haraſſez & ſi battus des tracas de cette miſerable vie, s'i-
maginent que pour ſe repoſer
il ſe faut mettre au ſeruice de
Dieu, vſant ſes iours en vne
ſainčte faineantiſe, ne faiſant
rien que mediter, & penſer au
Paradis, & n'auoir nul ſoucy,
ny nulle peine. Helas ! quel
abus, & quelle eſpaiſſe ignorance! Ce n'eſt pas ſeruir Dieu,
cela, mais ſe ſeruir ſoy-meſme:
Ce n'eſt pas chercher Dieu,
mais c'eſt chercher ſoy-meſme; ou ſi c'eſt chercher Dieu,

c'eſt pour ſe trouuer ſoy-meſme dedans Dieu , & aux deſ-
pens de Dieu. Noſtre Seigneur
a beſoin de ſeruiteurs qui por-
tent de groſſes &   peſantes
Croix , & des eſpines bien ai-
guës & ſanglantes, qui ſuent
ſang & eau , qui iour & nuict
trauaillent , pleurent, prient,
faſſent mille meſtiers , & à la
deſrobée iettent de bonnes
œillades vers le C el , & y dar-
dãt leurs cœurs, mais à la haſte,
& par repriſes, entre-couppant
leurs trauaux de prieres , leurs
prieres de trauaux , & faſſent
comme Ieſus-Chriſt, qui n'eut
quaſi iamais vne heure de repos trauaillant iour & nuict
pour faire toutes les volontez

de son Pere. Bathilde en fin apprit cette leçon, & repassa par son esprit, que puisque Iesus-Christ & tous les Saincts auoient souffert mille & mille maux pour gagner Paradis, il estoit plus que tres-raisonnable qu'elle suiuit leurs traces, & ne s'amusât point à certaines petites douceurs de la vie spirituelle, qui sont bonnes voirement: mais ce n'est pas là où gist la perfection: ains à bien trauailler, à se mortifier, & crucifier l'amour propre. Pour s'esclaircir neantmoins, & afin de ne point couuer ce fiel dans son cœur, elle confera de tout cecy auec la bóne Abbesse, auec les Confesseurs, & ceux qui auoient la direction des ames: on ouyt les griefs d'vn costé & d'autre, tout bien balancé, on trouua qu'il n'y auoit nul fondement en tout cecy : Mais comme il arriue aysement aux esprits des filles, qui quoy que tres-vertueuses, sont pourtant tousiours filles, ce n'estoit que des soubçons, & des petits ombrages , qui enuelopoient leurs esprits, & ne les laissoient pas voir le iour de la verité & de la vertu. Cette conference & esclaircissement, fit tomber tout ce brouillard, & ramena la serenité du Ciel, & du Soleil: tellement que toutes ces pauures filles se rallierét si fort, & d'vn nœud doré de si parfai-

ƈte charité , qu'oncques plus
il n'y eut la moindre diuision
du monde. Ne vous eſtonnez
pas ſi parmy ces ſainƈtes filles
il y eut quelque petite caſtille ,
puis qu'il y en eut bien parmy
les Apoſtres à la preſence meſme de Ieſus-Chriſt : mais les
querelles des Sainƈts ne durent
pas long temps , ou ſi elles durent long temps , ce ne ſont
plus querelles de Sainƈts : mais
d'hommes, qui ſe croyant SS.
ſont encor fort groſſiers , &
fort terreſtres. On dit que faiſant bouïllir la maluoiſie ſur
certains charbons ardéts, quoy
que ce vin ſoit tres-doux & le
meilleur du monde, ſi euapo-
re-il vne fumée ſi mal-heureu-

se & si noire, que ceux qui se
voyent à trauers cette fumée,
quád ce seroiét freres, & sœurs,
peres & meres, tous se voyent
si hydeux, qu'ils semblent des
móstres prodigieux & effroya-
bles: de façon que s'ils croyoiét
leur courage ils s'estrangle-
roient volontiers tant se trou-
uent-ils horribles & desfigu-
rez; Si tost qu'on iette vn peu
d'eau sur la braise, les boüillons
s'accoisent, & la fumée s'esua-
noüit, alors toutes ces pauures
personnes se reuoyans en leur
propre figure sont si honteuses
des iugements qu'ils ont faict,
& des sottes fantaisies qui a-
uoient gaigné leur imagination qu'ils ne sçauent que dire.

La

La bonne intention de ces Religieuses qui sembloit estre selon Dieu, auec les boüillôs d'vn peu de zele indiscret, auoit enuoyé des fumées si noires au cerueau, considerant que voyant la Royne Bathilde, il leur sembloit proprement de voir comme vne harpye qui fut venüe à Chelles pour ruiner la discipline Religieuse & renuerser l'Ordre & le silence sacré du Cloistre. Si tost qu'on eut donné vn peu de iour à cette nuit & à ces fumées noires ces bonnes filles eussent quasi voulu estre mortes de honte, voyans la faute qu'elles auoient faite, helas! trop assez legerement: mais c'estoit la premiere piece

qu'il falloit mettre pour faire
vne Saincte, à sçauoir, de souffrir du mespris, & de la contra-
dictió. S'il n'y auoit point d'indiscrets au monde, il n'y auroit point de discrets, de sages,
ny de saincts : car vne des prin-
cipales pieces de la vraye saincteté, c'est de sçauoir supporter
mille indiscretions des autres,
& bien digerer le mespris, &

l'humiliation en faisant bien
son profit. Comment pourriez
vous estre humble, patiét, cou-
rageux, si iamais on nevous faisoit nul affront, & si iamais on
ne vous donnoit nulle peine?

Sur ce bon fondement la
bonne Royne commença à
pousser le bastiment de sa per-

fection religieuſe, & y mit la ſeconde pierre, & la ſeconde piece neceſſaire pour façóner vne
ſainĉte, c’eſt à ſçauoir la vraye,
& ſolide humilité. Ce n’eſt pas
grãd cas devoir les ames baſſes,
& les perſonnes de petit lieu,
eſtre humbles & ſeruiables : ce
ſeroit orgueil inſupportable, ſi
eſtant de ſi petite eſtoffe, elles
vouloient marcher du pair
auec les Grãds, & entrer en parallele auec les perſonnes eminentes en qualité & en vertu.
Cependant on remarque d’ordinaire que les plus pauures, &
les plus imparfaits ſont les plus
glorieux & qui craignent plus
le meſpris. Les ames genereu-
ſes ce ſont celles qui aiment la

vraye humili é, & l'humiliatió,
& ne sont iamais plus grandes
que quand elles sont soubs les
pieds des plus petits, comme
Iesus-Christ aux pieds de Iu-
das. Cette noble Princesse, qui
auoit eu n'agueres à ses pieds les
Princes du sang, voire les Roys,
& les enfans de France, maintenant n'auoit autre ambition,
que de n'en auoir point ; ou si
elle en auoit, c'estoit d'estre
tousiours la plus petite, & la
derniere de toutes. Elle honoroit l'Abbesse comme si ceût
esté Iesus-Christ en propre personne, & luy obeyssoit auec
vne si grande ioye, & tant de
soubmission, que l'Abbesse
mesme en son cœur en auoit

honte : elle tenoit toutes les
sœurs, comme des filles du Paradis, & de vrayes sainctes : de
fait elle s'abbaissoit iusques là,
que de les seruir toutes comme
si ç'eut esté la plus petite seruante de l'Abbaye ; car c'est
ainsi que porte l'Histoire de
son temps : elle espioit finement
l'occasion de pouuoir rendre
quelque seruice à toutes ces filles, & le faisoit apres d'vn cœur
qui rauissoit les cœurs & des
Anges, & de ces bonnes Vierges. Croiriez-vous qu'à son
tour elle vouloit seruir à la cuisine lauant de ses royalles mains
les plats, & la vaisselle d'vn visage si gay, & si content, qu'elle
donnoit de la deuotion à celles

qui la voyoit si bien faire? Croiriez-vous qu'au refectoir elle
seruoit à table iusqu'aux sœurs
cóuerses, & les plus petites no-
uices; & i'ay peine de croire
que les grosses larmes ne tom-
bassent des yeux de ces vertueuses Religieuses. Que de hõ-
te, que de deuotion considerãt
vne si haute Princesse qui se
glorifioit d'estre seruante de
celles qui n'estoient pas dignes
d'estre seruantes de ses plus petites seruantes! Quand on luy
demandoit pourquoy elle prenoit vn si sauoureux plaisir de
seruir ainsi ces petites creatures: elle respondoit auec vne
grande candeur & vne simplicité vrayemét colombine: He-

las!mes cheres sœurs, quand ie
me souuiens que Iesus-Christ
Roy des Roys & souuerain
Seigneur du monde, a dit qu'il
estoit venu pour seruir tout le
monde, & non pas pour estre
seruy: & quand ie le voy lauer
les pieds des pauures pecheurs,
& d'vn malheureux traistre, ie
ne sçay plus où me mettre &
me semble que le plus grand
honneur qui me puisse arriuer c'est de m'humilier soubs
les pieds de tout le monde, &
seruir toutes mes bónes sœurs.
Mais il eut fallu voir de quel air
elle disoit cela, & de quel ac-
cēt: & certes il eût fallu auoir le
cœur bié dur, si on n'eut pleuré
à chaudes larmes oyant vn tel

discours. Ma plume n'oseroit
dire les excez de son humilité,
craignant de vous faire bondir
le cœur, vous disant ce que l'histoire de sa vie porte ; car non
seulement elle seruoit les malades, supportât leurs infirmitez,
& humant tout le mauuais air
des infirmeries : mais elle auoit
bien le courage de tenir d'vne
main la teste , & de l'autre le
bassin, pendant que le pauure
malade tiroit du cœur, & les
consoloit auec des paroles du
Paradis. On dit encor quelque
chose bien plus basse, & bien
plus penible à vne telle personne : mais i'ayme mieux vous la
donner à deuiner , que de la
coucher par escript. Admirez

cependant qu'elle à fait des
chofes fi extremement baffes,
& viles, que ie n'oferois feulemét les efcrire , de peur de vous
faire bondir le cœur foubfle-
uant voftre imagination. Mon
Dieu mon Createur, que l'humilité d'vne fi haute Princeffe
condamnera bien des ames or-
gueilleufes, & qui eftans fi peu
de chofe, ont tant de peine de
s'humilier , & de recognoiftre
leur baffeffe ! Au refte elle ne
fe vantoit iamais , ny ne parloit
point de ce qu'elle auoit efté:
on ne luy faifoit pas plaifir de
la flatter , ny de la loüer, ny de
la traiĉter comme vne grande
Royne. Toute fa confolation
eftoit de pouuoir eftre bonne

feruante de Iefus-Chrift & feruante de fes feruantes. On dit
que la perle Orientale ne fe
fait que d'efclairs du Ciel, &
des flots de la marine: Auffi cette ame royalle ne croyoit pas
de pouuoir eftre vraye Religieufe & diamant du Ciel ; fi
elle ne receuoit quelque coup
du Ciel qui l'humiliât & luy fit
recognoiftre fon neant , &
quelques flots & efcumes d'in-
difcretion de coups de langues,
& de mortifications iournalie-
res, & quand l'occafion fe pre-
fentoit elle la prenoit comme
vn prefent venu du Ciel. Vous
ne l'oyez iamais parler de perfonne mal à propos, iamais vn
mot de mefpris ny action qui

semblât desdaigneuse ne luy eschappoit: mais comme veritablement humble elle honoroit
tout le monde, & ne croyoit
pasqu'il y eut rien sur la terre si
chetif, & si mesprisable qu'elle:
il faudroit ouyr son Confesseur
pour sçauoir comme elle s'estimoit miserable, & comme de
peu de chose elle faisoit grand
cas. Elle cachoit soubs le voile
de sa profóde humilité le thresor de sa saincteté: mais c'estoit
comme on dit d'Appelles, qui
ayant fait quelque tableau miraculeux, iettoit dessus comme
vn vernix, & du talc pour
meurtrir les couleurs, & mortifier le vif esclat de la peinture;
les niais croioiétqu'il alloit tout

gafter : mais apres on voyoit
que cette derniere couche, au
lieu d'eclypfer la beauté, luy re-
doubloit fonluftre. Plus la bóne Bathilde s'efforce de cacher
fes vertus, plus elles efclattent,
& fe iettant aux pieds des fim-
ples Religieufes, elle eft plus
haut montée qu'elle n'eftoit iadis ayant fes pieds fur la tefte
des Princes.

La troifiefme piece pour
faire vne faincte, c'eft la vertu
de la vraye deuotion, ie dis la
vraye & bien folide : car celle
qui eft forcée, qui ne confifte
que fur le bout des levres, & à
reciter mille & mille Oraifons,
qui n'eft qu'vne curiofité de
penfées hautes, & vne enuie

d'auoir des vifions, ou trouuer
des termes bien releuez, & que
poffible on n'entend pas, cher-
chât par là d'eftre eftimée bien
fpirituelle, & bien eminente, à
caufe qu'on fçait quelque parole nouuelle, ou inouïe, tout
çela n'eft pas deuotion : mais
vne pure tromperie qui em-
pefche la vraye deuotion. La
diuine Bathilde en auoit toutes les marques, & les voicy à
peu pres. En premier lieu, elle
eftoit toufiours prefte à tout
faire, & en tout temps : l'Abbeffe eftoit affeurée que quelque chofe qu'elle luy commã-
dât elle le feroit. Or cette pró-
ptitude à tout faire, & cette
difpofition de l'ame, qui eft in-

differéte de soy à toutes chofes,
& determinée à tout ce que
Dieu & l'obeiſſance ordonne:
c'eſt l'eſſence de la vraye deuotion. De façon que quitter la
Meditation, voire la Commu-
nion pour aller feruir à la cuiſine quand Dieu le commande,
c'eſt là certainement la verita-
ble deuotion. En ſecond lieu,
elle vſoit vne bonne partie de
la iournée à l'exercice de la
Meditation innocente, & de
l'Oraiſon vocale pſalmodiãt,
ou diſant quelque autre priere.
Mais ce n'eſtoit pas en courãt,
ny par couſtume, ny auſſi peu
par ceremonie ou pour ſe repoſer: ains auec vne telle ferueur que ſon cœur eſtoit tout

en feu, & ſes yeux tous en eau,
arroſant d'ordinaire ſes deuotions de deux fontaines de larmes, & teſmoignant par mille
ſouſpirs qui eſchappoient de ſa
poitrine, le ſacré embraſement
de ſon cœur. O Dieu quel ſen-
timét, & quelle côtrition en ſes
confeſſions! où elle employoit
fort peu de paroles (comme font celles qui ſçauent bien
ſe confeſſer) mais beaucoup de
larmes & beaucoup de ſáglots,
il ſembloit que le cœur ſe déût
fendre, tant la douleur le per-
çoit viuement. A la Commu-
nion voir vn Ange, & voir la
Royne Bathilde, c'eſtoit vne
meſme choſe : Que pleuſt à
Dieu, qu'elle n'eut pas eſté ſi

reſeruée, & ſi ſoigneuſe de couurir ſes deuotions ! Helas ! que
nous ſçaurions de belles façons
de bien & dignemét commu-
nier ! quel threſor d'affections!
quels tendres colloques auec
Ieſus - Chriſt ! quelles diuines
priuautez ! on n'en a rien appris que par ſes yeux , qui ſe
diſtillant par vne grande pluye
de larmes , faiſoient aſſez co-
gnoiſtre que le feu du Ciel
eſtoit à la maiſon , puis qu'il y
falloit tant verſer d'eau pour
l'eſteindre à la haſte. On adiou-
ſte auſſi qu'elle eſtoit en Paradis quand elle pouuoit eſtre en
ſa cellule , dans vn profond ſilence tenant vn liure au poing,
& qu'elle aymoit grandement

la lecture des bons liures lifant
à longs traicts, & efcoutant
les morts qui luy parloient au
fecret de fon cœur. Mais elle
gaftoit tout: car elle verfoit tãt
de larmes fur fes pauures liures
innocents, qu'elle en effaçoit
bien des lignes, & à peine s'en
pouuoit-on feruir apres elle. Elle n'eftoit pas de ces curieufes
qui deuorent les liures, & n'ap-
prennent qu'à caufer des chofes fpirituelles, faifant peu de
profit de ce qu'elles lifent, fi ce
n'eft pour fe remplir la tefte de
vent, & la langue de vanité.
Pour bien lire, il faut lire fort
peu, le bien fauourer, & auffi
toft le mettre en practique: il
faut lire des liures qui iettent

des flammes dans la volõté, & qui allument nos cœurs & nos affections d'vn defir bruſ-lant de bien faire, non pas ceux qui amuſent & abuſent nos eſ-prits par mille curioſitez inu-tiles.

La quatrieſme vertu excel-lente, qui reluiſoit en cette Se-reniſſime Royne, c'eſtoit la charité enuers Dieu, & ſes ſœurs. Celle-là eſtoit renfer-mée dans ſon cœur tres-ardét, & on s'en apperceuoit par ſes. paroles de feu, & par ſes actiõs enuers le prochain. Si toſt qu'il y auoit vne malade à la mai-ſon, la bonne ſeruante de Ie-ſus-Chriſt y voloit pour offrir ſon ſeruice, & auoit vn tel em-

pire ſur les eſprits,que pourpeu
qu'elle dit,elle conſoloit infiniment les malades : Tant il eſt
vray , que la vraye vertu a vn
pouuoir incroyable ſur les
cœurs. Elle faiſoit tant qu'elle
arrachoit de la bouche de ces
bónes filles malades, ou qu'elle
deuinoit leurs appetits , leurs
neceſſitez , & tout ce que la
modeſtie ne leur laiſſoit pas dire : Et là deſſus elle ſe rendoit
agente des malades , s'addreſ-
fant à l'Abbeſſe,& la ſuppliant
auec vne grande charité, qu'il
luy pleuſt ordonner que cela,
& cela fut donné à vne telle
malade. On n'auoit garde de
luy rien refuſer : Dieu ! & qui
eut peu eſconduire vn cœur

remply de tant d'amour de Dieu, & vne bouche toute pleine de tant de modestie. I'ay desia dit qu'elle seruoit de ses mains les malades, & auoit des entrailles si pleines de commiseration, qu'elle portoit vne compassion maternelle à ces pauures filles, meslant ses larmes auec les leurs & se resiouïssant auec celles qui estoient consolées, faisant ce que disoit S. Paul, que la vraye charité condescend & se conforme en tout ce qui se peut aux personnes que nous aimôs & en Dieu, & pour Dieu. C'estoit elle qui animoit l'Abbesse pour receuoir les pauures Pelerins passants leur chemin, & pour dó-

ner l'aumofne à tous les pauures : de façon que la porte de
l'Abbaye eftoit toufiours af-
fiegée d'vne armée de pauures
affamez & demy morts. Sa
charité la faifoit plus riche, &
plus puiffante que fa Royauté:
de façon qu'elle croyoit que le
vray moyen d'eftre bien riche,
c'eftoit de tout donner : Car di-
foit-elle puis que Dieu a dit
que c'eft à luy qu'on dóne tout
ce qu'ó met à la main des pauures miferables, & d'abondant
que noftre Seigneur rend cent
pour vn, & mille pour cent, af-
feurement le moyen d'enrichir
Chelles, c'eft de donner fans
ceffe des aumofnes, & obliger
Dieu feló fa promeffe de nous

rendre mille pour cent, & enfler nos reuenuꝰ, & les biens de
ce Monaſtere. La ſaincte Abbeſſe pleine de charité, ſe laiſſoit ayſément perſuader : & de
faict toute ſa vie cette liberali-
té continua, & a touſiours eſté
cheremét conſeruée. Pline dit,
qu'il y a des gẽs qui ont vne ſi
forte haleine qu'ils font mourir les ſerpens de leur ſouffle, &
gueriſſent ceux qui auroient
eſté piquez. Le cœur de la bóne Princeſſe eſtoit ſi plein de
l'eſprit de Dieu, qu'en fort peu
de paroles elle gueriſſoit les eſ-
prits des filles, qui auoient le
cœur nauré de quelque mau-
uaiſe ſuggeſtion du dragon in-
fernal. Les vnes en la voyant

seulement estoient demy gueries ; les hypocondriaques , &
ces esprits noirs de melancholie,en luy parlant sans plus sen-
toient creuer le serpét dãs leur
poitrine , & tout ce mauuais
venin s'esuaporer. Celles qui
luy descouuroient leurs peines,
estoient fortement consolées.
Bref, c'estoit le thresor de ce
Conuent, & la ioye de toute
cette* innocente compagnie
des Espouses de Iesus-Christ.
Sa parole estoit si douce & si
attrayante, qu'elle gagnoit le
cœur de tout le móde. On n'a-
uoit garde de iamais l'entendre
murmurer de personne , ny
parler ou enfler les fautes d'autruy : au contraire elle defen-

doit tousiours les absentes, &
plaidoit la cause de celles qui
estoient accusées. Elle n'auoit
point d'yeux pour voir les de-
fauts d'autruy : mais bien vne
langue pour les amoindrir, &
vn cœur pour les excuser , portant tousiours plus de compassion que d'enuie de reprendre
les infirmitez d'autruy . Les
grands cœurs ne se scandalizét
quasi iamais de personne , ny
ne s'offencent quasi iamais, les
petites ames & les personnes
basses, & fort foibles, & de peu
de vertu, soubs couleur de zele ne sçauroient rien supporter.
Certainement ce n'est pas zele,
mais vne pure indiscretion, vne
grande foiblesse & legereté
d'esprit:

d'esprit, & à vray dire ce sont comme ces petits estomachs qui ne sçauroient rien digerer, mais il faut qu'ils nourrissent tout ce qu'ils ont mangé. La vraye vertu a l'estomach d'austruche, qui digere des cailloux, des cloux, & du bronze.

La cinquiesme vertu estoit l'obeyssance tres - parfaite de cette ame Royalle. Les Roys sçauent tout faire, horsmis obeyr ; car comme leurs ames sont faites pour l'Empire, & sont nourries dans le pouuoir absolu de commander à tout le monde, le mestier d'obeïr leur est fort rude, & mal-aisé à apprendre. Et c'est ce qui rend admirable la saincte Royne, qu'apres auoir commandé à trois Roys ses enfans, apres auoir manié la Monarchie de France, & tenu les Conseils du Royaume en sa main, voyant à ses pieds les plus grandes testes de l'Europe: qu'en si peu de temps elle ait sçeu apprendre l'obeyssance; mais si parfaite, si cordiale, & si candide, que l'Abbesse la gouuernoit comme vne simple Colombe, ou comme vn agneau innocent. La Chronique porte que son cœur, & celuy de l'Abbesse n'estoient qu'vn mesme cœur. Or il est asseuré que pour estre parfaictement obeyssante, il faut aimer la Superieure : mais d'amour, & d'amour diuin, non

point par sympathie, ou par ceremonie, beaucoup moins par
interest, affin qu'estant cherie
d'elle on en tire tout ce que
l'on voudra, & on soit tous-
jours caressée. Cela n'est pas
obeyssance ny charité : mais
amour propre, & finesse spirituelle, qui est la peste de la
vraye vertu. Aussi d'ordinaire
cela ne dure pas, & ce faux miel
d'amitié interessée se change
aisément en fiel d'alienation,
de plaintes, & de mille repro-
ches. Or la Saincte obeyssoit
pour obeyr ; & obeyssoit à
l'Abbesse comme à Iesus-
Christ; obeyssoit és choses difficiles, aisées, desagreables,
agreables, honorables, mespri-

fables toufiours également & d'vn vifage qui faifoit venir enuie de luy commander, tant elle le faifoit de bonne grace, & d'vn cœur parfaictement gay. Celles qui obeyffent en rechignant, qui alleguent mille raifons, qui inuentent mille difficultez, voire impoffibilitez, qui font exterieurement ce qu'on ordonne: mais murmurent en leur cœur, difent qu'on les furcharge trop, qu'on n'a point de difcretion ny de charité, qu'il y a tant d'autres qui pourroient bien faire cela, qu'on ne nous aime pas, & mille telles fottifes: croyez hardiment qu'elles n'ont pas vn grain de vraye obeyffance ; ou fi elles en ont, c'eft

comme les mines d'or, qui sont
meslees de tant de terre, tant de
souphre, & tant d'orduresqu'on
aime mieux tout quitter que de
tirer ce peu d'or qui est auec
tant de villenie. La tres-illustre
Princesse obeyssoit promptement, ioyeusement & coura-
geusemét, & voloit là où on l'é-
uoyoit, comme si Dieu eût parlé: elle croyoit que les com-
mandements les plus rudes; &
les plus indiscrets au iugement
de l'amour propre, estoient en
effect les meilleurs, & les plus
propres pour domter la rebellion & l'orgueil de nos propres
sentiments ; & à vray dire elle
estoit l'exemple de l'Abbaye,
& l'Idée de la naïue, franche, &

vraye obeyssance. Helas ! qui eût osé se reuolter contre la Superieure, voyât vne Royne de France, mere de tant de Roys, souueraine Dame de tant de Prouinces, obeyr auec tant de candeur ? O Dieu, que les maisons sont obligées à la diuine misericorde qui ont de tels exéples, & des viues images de la perfection Religieuse !

La derniere piece de sa saincteté, c'est la Patience, qui couronne toutes les vertus, & les affine : mais il en faut parler à part, & la voir en sa derniere maladie qui fut le vray theatre où parurent auec esclat les belles vertus de son ame, & le haut point de sa perfection.

*D'vne celeste vision qu'elle eut,
& de sa derniere maladie.*

CHAP.   VIII.

C'Est vne faueur bien grande, que le bon Dieu fait à quelques-vns de ses meilleurs seruiteurs, de leur reueler le temps de leur heureux passage de la terre au Ciel. L'incomparable Princesse & humble seruante de Iesus-Christ, receut cette misericorde du Ciel : & vn iour estant en grande deuotion elle & celles qui l'assistoient eurent cette

vision excellente. Parut vne
grande eschelle d'or deuant le
sainct Autel de la glorieuse
Mere de Dieu, qui du bout alloit donner iusques dedans le
Ciel, & sembloit à vray dire,
l'eschelle du sainct Patriarche
Iacob : horsmis que tous les
Anges sembloient icy monter
les vns apres les autres, & pas
vn deualer. De faict à veuë
d'œil on voyoit ces beaux Anges monter en bel ordre, auec
des visages riants & auec vne
majesté innocente. Apres que
plusieurs furent montez & eurent quasi peuplé toute l'estenduë de l'eschelle, il sembla que
Bathilde mesme fut prise par
les Anges, pour estre conduite

en Paradis, pour aller voir son
diuin espoux. Iesus-Christ.
Vous pouuez bien vous imaginer le contentement infiny
de son cœur, & croire fermement qu'elle ne se fit pas appeller deux fois pour aller en
Paradis. Helas ! nenny : mais
donnant sa main Royalle à ces
diuins Esprits, elle se mit à sui-
ure & monter iusqu'au Ciel.
Sainƈts & Sainƈtes de Paradis,
qui peut dire la ioye excessiue,
& le doux trâsport de son ame,
quand elle se voyoit comme
par miracle multipliée, & gi-
sant dans le liƈt, elle se voyoit
en mesme temps monter l'eschelle auec des Anges par vne
vision & faueur du Ciel plus

que tres-fauorable. Elle pensa
mourir d'ayse, & ses filles de
peur & d'vn sainct eston-
nement voyans ce qu'elles
voyoient, & le cœur leur tremblant, craignans que cette vision ne voulût dire quelque
chose de triste pour elles, qui
n'auoient encor nulle enuie
que saincte Bathilde montât si
tost en Paradis. Cependant
apres auoir long temps consi-
deré ce diuin spectacle auec
vne ioye incroyable, la bonne
seruante de Dieu sentit vne
inspiration qui luy dit, qu'il
falloit en bref passer de cette
vie & penser à l'eternité. Les
grosses larmes luy tomberent
des yeux, & l'abondance de

confolation fe manifefta par
fon vifage tout en feu, par fes
foufpirs ardents, & par les regards amoureux qu'elle dar-
doit au Ciel. Ces pauures filles
efplorées & demy-mortes, s'i-
maginerent auffi-toft que le
coup de la mort eftoit donné,
& les grands cris qui efchappe-
rent de leurs bouches tefmoi-
gnĕrent affez la preffe où
eftoient leurs pauures cœurs.
A l'heure Bathilde fe voyant
defcouuerte, les coniura toutes
au nom de Dieu, de ne dire vn
feul mot de cette vifion, ny de
fon trefpas, craignant que cela
ne fit fendre le cœur à la fainɛte Abbeffe , qui aymoit la
Royne comme la prunelle

de ſes yeux, & que tout le Monaſtere ne fut plongé en vne
horrible melancholie . Elles
promirent de ne point parler:
mais elles ne s'obligerent pas
de ne point pleurer : le cœur
helas ! trahit la bouche, & parla tant par les fontaines de larmes, que ces pauures creatures
verſoient ſans ceſſe, que toutes
les autres Religieuſes entendi-
rent incontinent le myſtere. Si
fallut-il garder ſilence, & faire
ſemblant que perſonne ne ſçauoit pas, ce que tout le monde
ne ſçauoit que trop. En cét entre-temps voila vne maladie
tres-violente, & vne cholique
enragée qui va ſaiſir cette innocente Princeſſe; Elle ſentoit

des trenchées si cruelles, & si
continuelles, que ç'estoit vne
espece de martyre. A la voir
elle ne souffroit rien, elle ne se
plaignoit quasi point; Les sanglots qui eschappoient de son
cœur, estoient de deuotion
plustost que de douleur; Elle
craignoit plus de donner mau-
uaise edification à ses filles par
des impatiences effeminées, &
de leur donner quelque senti-
ment de son prochain trespas,
qu'elle ne craignoit d'horreur
de ses douleurs tres-aiguës.
Vous luy voyez vn visage ouuert, vne parole douce, & pleine de consolations du Ciel, des
mots du Paradis, & des flammes plustost que des paroles.

On la manioit cóme vn doux
agneau : les Medecins eſtoiét
aſſeurez que tout ce qu'ils or-
donneroient ſeroit faict fidele-
ment, & tout comme ſi ç'eût
eſté vn arreſt du Ciel ; Il y
auoit de la deuotion à la ſeruir,
& à voir l'incroyable courage
qu'elle auoit à ſouffrir vne maladie mortelle & tres-doulou-
reuſe. O Dieu, quels tendres
colloques faiſoit-elle auec le
Crucifix ! quelle conformité à
la volonté diuine! quelle aſſeurance à ſe preparer à receuoir
le coup de la mort! Quel ſpe-
ctacle ſacré de voir vne puiſſante Royne couchée ſur vne
pauure paillaſſe, auſſi contréte,
que ſi elle eût eſté logée en Pa-

radis! Les Potentats du monde tremblent quand on leur
parle seulement de la mort : &
voicy vne féme, qui sans changer de couleur, l'attend : ains la
desire, ains la prouoque, & ne
se plaint d'elle, sinon qu'elle
vient trop lentement & qu'elle la faiĔt trop languir. Ce qui
me semble bien remarquable,
c'est que l'Histoire porte,
qu'aux plus fortes estraintes de
son cœur, & quand la cruauté
de la douleur martyrisoit plus
violemment ses entrailles auec
les grandes pointes de la coli-
que & ces rasoirs trenchants,
elle ne disoit autre chose, sinõ :
O doux Iesus, ie vous remer-
cie de la grande misericorde

que vous faictes à cette chetiue
creature, de luy donner quelque petite chose à souffrir. Las!
helas ! qui vous regarde tout
deschiré & estendu sur vne dure Croix, peut-il auoir ny bouche, ny cœur, ny ame pour se
plaindre? Cette gesne dura lóg
temps, & sa patience se forti-
fioit dans les souffrances, mon-
strant vn exemple d'vne si solide humilité, d'vne si courageu-
se constance, d'vne telle conformité de voló té auec Dieu,
& tout cela sucré de tant de
douceurs d'Oraisons iaculatoi-
res, & de paroles diuines, que
les pauures Religieuses ne pouuoient sortir de sa chambre, tãt
elles y estoient consolées, ny ne

pouuoient y demeurer, craignans qu'elle ne mourût entre leurs bras. De faict ces fym-
ptomes furent fi violents, &
& les douleurs fi infupporta-
bles, qu'elle en tomba en de-
faillance telle, que fi les Medecins n'euffent appliqué des remedes bien puiffants, la force
des douleurs euft maffacré fa
vie. Ces fincopes & ces defail-
lances frequentes, ce font affi-
gnations perfonnelles qu'on
donne aux malades pour com-
paroiftre en perfonne en l'autre
monde: auffi la bonne Princeffe fe fentit frappée à la mort, &
ne penfoit plus qu'à fe difpofer
pour faire ce dernier voyage:
mais il luy aduint vne chofe

fort confiderable, dont il n'eſt
pas bien aiſé de deuiner la raiſon. Elle auoit nourry à Chelles
vne petite fille qu'elle auoit leué des ſaincts fonts du Bapteſ-
me, & la tenoit comme vne
ſienne fille. Cette petite innocente tomba malade en meſme
temps que la grande ſeruante
de Dieu : il tomba en l'eſprit de
cette pitoyable Royne, que cette petite creaturette ſeroit
mieux en Paradis qu'en cette
vallée de miſeres, & qu'en cét
eſtat d'innocente candeur venant à mourir, elle ſeroit aſſeu-
rée de ſon ſalut, ſans courir tant
& tant de hazards, dót eſt aſſiegée cette vie deſaſtreuſe. Elle
accueillit cette inſpiration, &

croyant fermement qu'elle ve-
noit du Ciel, ne se feignit point
de demãder à noſtre Seigneur,
mais viuement & auec grande
ardeur de deuotion, qu'il pleût
à sa sainƈte bóté de retirer à soy
cette petite fille, & que deuant
que de mourir elle la peût con-
ſigner au tombeau, & la trouuer en bref parmy les chœurs
des Vierges là sur le Firmamét.
Il pleut à Dieu d'enteriner sa
requeſte, & auoir esgard à ses
larmes; car tout d'vn coup çete
petite pucelle s'abbaiſſa, & auec
des diſpoſitions bien grandes,
& par deſſus cét aage enfantin,
elle rendit cét esprit innocent
dans le sein Royal de la bien-
heureuſe Bathilde. Quãd le So-

leil se veut leuer au monde , la
nature pousse au prealable vne
petite estoille, qui est comme la
fourriere du Soleil qui paroist
la premiere dans l'azur du Firmament, quasi pour donner aduis que ce grand Astre s'appro-
chant, il faut que le monde se
dispose pour le receuoir auec
honneur & resiouyssance. Deuant que la grande Princesse
parût en Paradis, Dieu voulut
enuoyer cette petite estoille
quasi pour preparer sa place &
faire le chemin, à cette belle a-
me qui deuoit poindre en bref
dans le Ciel, plus luisante sept
fois que le Soleil du monde.
Cela estant fait, & tous ses desirs estant accomplis sans auoir

plus chose aucune sur la terre
qui la peût retenir, ny amour
du Roy son fils, ny desir de viure, ny affectió à creature quel-
conque, toutes ses plus amou-
reuses pensées estoient de sou-
haiter la mort, parler de cét heureux passage, trouuer les iours
trop longs, & les delais quasi
insupportables & pires beaucoup que le mal qui luy ron-
geoit le cœur, les entrailles, &
la vie. Vous pouuez bien penser
que le Roy, la Royne, tous les
Princes, & toute la Cour esplorée y accourut, que tout estoit
plein de larmes & de dueil, que
les grands cris montoient iusqu'au Ciel, chacun deplorant
son malheur, perdant qui sa me-

re, qui son refuge, qui toute sa
consolation, qui sa protectrice:
en fin tous perdoient le bon-
heur de la France, & vne Royne Mere du tout incomparable. Elle cependant faisoit fendre le cœur de celles qui auoiét
le bon-heur de la voir en ce lit
de la mort; car d'vn visage plein
de serenité, d'vne parole douce
& ferme, & d'vn maintien
royal elle disoit des mots, qui
estoient des coups de tonnerre.
Mon Dieu, disoit-elle, pourquoy pleurez-vous tant, &
pourquoy affligez-vous ainsi
mal à propos vne pauure creature, qui n'a autre regret en
mourant, que de voir la peine
que ie vous donne. Si vous

m'aymiez bien, vous deuriez
estre bié aifes, que ie m'en vay
voir Dieu, comme i'efpere en
fon infinie mifericorde. Laiffez
mes enfás, laiffezmes cheres filles, qu'vne pauure vieille, inutile, indigne de tout bien, &
qui vous donne, helas ! tant de
mauuaife edification , acheue
de vous fcandalifer , & de faire
tant & tant de fautes offensát
ce bon Dieu. Ne me confide-
rez pas comme Royne : mais
comme vne pauure pechereffe
ingrate, defloyale , & qui ay
tant abufé des graces de mon
Dieu ! Eft-ce fi grád cas,qu'v-
ne femme mortelle meure ?
qu'vn chetif vermiffeau de terre puant & demy pourry , re-

tourne en terre d'où il estoit
sorti? Qu'vne creature inutile
à tout bien, fasse place à quelque bóne seruáte de Dieu, qui
seuira icy sa diuine Majesté a-
uec beaucoup de perfection.
Helas! le móde ne m'a t'il pas
supportée assez lóg téps, & ay-
ie pas assez long temps abusé
de vostre bonté, & de vostre
patience, ne seruant de rien au
monde : sinon de donner de la
peine à tant de personnes qui
vaillent mieux que moy? Laiſ-
sez moy aller en Purgatoire
pour purger mes pechez, plustost que de les multiplier icy
tous les iours. Me voulez-vous
enuier mon vnique bon-heur,
& m'enleuer ainſi toute la có-
solation

solation de mon ame ? Iesus-
Chrift m'appelle, & vous vous
y oppofez: à voftre aduis à qui
dois-ie obeïr ? O Dieu ! quelle
iniuftice; foubs couleur d'amitié de me vouloir ouurir le Paradis pour me r'attacher à la
terre, & aimer mieux me voir
plongée dans la boüe, que logée dans la fainƈte maifon de
mon Dieu! Non,non:qu'on ne
me parle plus de vie, refolu-
ment Bathilde, en bref il faut
mourir; qu'on ne pleure plus
mon trefpas, helas! qu'on ne
me pleure plus, ie ne le merite
pas, & quand ie le meriterois
veut-on pleurer quand tant de
biens m'arriuent, que tous mes
defirs font heureufement ac-

complis? Adieu mes cheres filles, à dieu mes entrailles, Adieu
monde, adieu tout, & qui m'aime qu'il ne me parle plus que
de l'Eternité &de faire vne belle mort. A tant se teut, & de
ioye pleura. Au lieu dessuyer les
larmes de l'assistáce, elle ouurit
la bonde du cœur, & des yeux,
&tout le monde commença si
fort à sanglotter,& à verser vn
tel deluge de larmes, qu'il sembloit que le cœur voulût fendre à toutes ces pauures filles.
La douleur estouffa leurs paroles dans leur bouche, & les torrents de larmes noyerent tout
ce qu'elles vouloient dire: de façon que ne sçachant parler que
par les yeux, chacune se retira

en silence & quasi demi-mor-
te, & ayant le cœur si serré de
douleur, que cela ne se peut
dire.

De son heureux trespas & des
choses memorables qui
aduindrent.

CHAP. IX.

S I la mort se pouuoit
racheter par les me-
rites, ou reculer par
les larmes ; & les souhaits, à la
verité la saincte Royne Bathilde ne deuoit iamais mourir.
Mais d'ordinaire ceux qu'on
desire plus ardemment , &
qu'on voudroit rachepter auec

mille vies, ce sont viſtement
ceuxqui deſirent plus fortemẽt
la mort, & ceux que Dieu reti-
re les premiers. Sentant la bonne Royne les eſtreintes cruelles
de ſon mal;mais bien mieux les
douces ſemonces que luy faiſoit Ieſus - Chriſt parlant à ſon
cœur, & luy donnant de grands
aſſauts d'amour,elle ne vouloit
plus auoir ny penſées, ny paroles, ny deſirs autres que de l'E-
ternité. Fort ſouuent on la voyoit darder des œillades amou-
reuſes vers le Ciel, & y enfoncer ſes regards , toutes ſes affections ſacré-ſainctes ; & ce n'e-
ſtoit pas ſans bienverſer des larmes. Apres que ſon cœur auoit
bien parlé à Dieu en vn pro-

fond silence, elle faisoit parler
sa bouche, qui lançoit dans le
cœur de Dieu des oraisons ia-
culatoires, & des flammes de
feu d'vn amour si tendre & si
embrazé, qu'il faudroit les a-
uoir entéduës, pour les sçauoir
redire. Las! helas disoit-elle, bõ
Iesus, & quand viendrez vous!
O toutes les amours de mon
ame iusques à quand laisserez
vous mourir du desir de mourir vostre pauure seruante? O
amoureuse mort, que ne vous
hastez-vous de venir prendre
cette chetiue creature qui ne
respire plus que la mort? Mon
Dieu mõ, Createur, faites-moy
cette grande misericorde de
m'appeller à vous? que fais-ie

plus icy bas que pourrir, que
mourir, que vous offenſer, que
donner de la peine à toutes ces
bonnes filles qui ont le cœur
tranſi? Ses yeux diſoient le reſte, & les ſoûpirs qui ſortoient
à la foulle. Cependant elle ſe fit
porter de bonne heure les
ſainȼts Sacremens de l'Egliſe,
& s'arma cótre les ennemis, &
contre les fraieurs de la mort,
que la nature, qui ne peut men-
tir, donne touſiours au cœur.
Que ne fit-elle pas voyant arriuer le S. Sacrement de l'Autel, & le doux eſpoux de ſon
ame? Penſez vous pas que toute morte qu'elle eſtoit, qu'elle
ne ſe voulût pas precipiter à
terre pour l'adorer & le rece-

uoir dignèment & royallemét?
Penſez-vous pas qu'elle fit des
colloques capables de faire paſ-
mer ceux qui eſtoient là pre-
ſents, óu au moins fondre en
larmes? Penſez vous pas qu'elle
fit vn aƈte de cótrition ſi fort,
& d'vne cheute ſi ardente, qu'il
ne ſe peut dire de plus ? Tout
cela eſtant fait, le S. huile eſtát
donné, toutes les prieres eſtans
acheuées, on n'attendoit plus
que le coup de la mort. Le
cœur me tremble quand ie
penſe qu'il faut que ma plume
donne ce coup mortel. La pauure couche eſtoit bordée de
toutes ces bónes filles de Chelles, & ſur tout la ſainƈe Abbeſſe Bartille eſtoit à ſon cheuet

plus morte que viue; elles n'a-
uoient ny bouches, ny paroles
pour la confoler: mais des yeux
fondás en larmes, & des cœurs
brifez de douleur. On lifoit la
paffion de Iefus-Chrift, & la
bonne faincte auoit les yeux
collez tantoft fur le Crucifix,
tantoft dans le Ciel, tantoft fur
fes filles, defquelles prenant
congé, & voulant donner fa
benediction, elle les penfa faire
mourir à fes pieds. Elle leur re-
commanda toutes les vertus
propres des bonnes Religieufes, fur tout qu'elles obeyffent à
leur Abbeffe comme à Iefus-
Chrift fimplement, naïuemét,
courageufement & fans mur-
mure. · Que pour chofe du

monde, elles ne rompiſſent la paix de la maiſon, dautant que là où la paix eſt, Dieu y eſt, & les pacifiques ſont vrays enfans de Dieu ; que ſi elles vouloient eſtre bien-heureuſes & touſiours contentes, elles fuſſent fort humbles, & amies de la mortification ; qu'elles fuſſent dignes filles de la Vierge Marie, puiſque Chelles eſtoit vn lieu dedié à ſon fils, & à elle: en fin qu'elles priaſſent bien Dieu pour le repos de ſa pauure ame, & qu'elle prioit ſa bóté infinie de reſpandre ſur elles, & ſur toute cette ſainĉte maiſon ſes grandes benedictions, ouurant les threſors de ſes miſéricordes pour les verſer ſur cette famille qu'elle auoit aimé, comme son propre cœur. Ce mot arracha de grands cris, & abondance de pleurs de toutes ces pauures filles de Dieu, qui n'ozoient regarder la bien-heureureuse Royne de peur de la voir trespasser. Le mal tout à coup va gagner le cœur, & la bonne & incomparable Princesse se faisant le signe de la Croix, leuant les yeux au Ciel, & les mains tout ensemble, reclamant de cœur & de bouche & Iesus & Marie, rendit son heureux esprit à son Createur, auec vne si grande tranquillité, qu'elle sembla plustost s'endormir d'vn doux & amoureux sommeil, que de

luitter auec la mort, & combattant trefpaſſer auec agonie.
Elle n'eut point ſi toſt expiré,
que voicy vn grand miracle;
Car voila vne grande lumiere
qui s'eſpand par toute la chambre, auec vne ſplendeur ſi eſ-
clattante, qu'il ſembloit que
le Paradis fut tombé là dedans,
pour enleuer cette glorieuſe
ame. En voicy vn autre tout
d'vne meſme ſuite: vn nombre
innombrable d'Anges du Paradis parut en cette clairté,
auec des viſages beaux comme
le iour, brillants comme des
Soleils, & tous ſe mirent en
deuoir de porter ſur la voute
des Cieux cette ame fortunée.
Vn ſeul Ange ſuffiſoit pour

faire cette charité : mais partie
pour honorer cét esprit Royal
& Sainct, partie pour leur cō-
tentement particulier, prenant
plaisir de seruir vne si grande
seruante de leur Maistre, &
toucher la noble relique de
son corps ; partie pour mōstrer
comme Dieu recōpense abondamment ses bons seruiteurs,
ils y voulurent venir en vne si
belle compagnie. Voicy encor
vn autre miracle : dautant que
pendant que toutes ces bonnes
filles quasi rauies en ecstase, &
transportees d'ayse & d'estonnement, contemplent ces diuins esprits tous reuestus de
corps & d'habits du Paradis.
Voicy tout à coup paroistre le

glorieux Prelat sainct Genese
le Grand, & bon Aumosnier
de la saincte Royne, qui appa-
rut au milieu des Anges paré
Pontificalemēt, & tout rayonnant de brillants & de broderie des Archanges, qui voulut
rendre ce dernier office à sa
bonne Maistresse, venant ac-
cueillir son ame trop heureuse, & assisté des Anges la porter & la presenter à la tres-saincte Trinité. Et c'estoit tout cecy que vouloit dire cette miraculeuse eschelle qu'on auoit
vcu plantée deuant l'Autel de
la tres-saincte Mere de Dieu,
& cette Hierarchie des Anges
qui montoient tous au Ciel.
En si noble & diuine compa-

gnie, l'ame de la saincte Royne
Bathilde fut conduite en Paradis, & portée aux pieds de son
Dieu, duquel elle receut vne
gloire qui ne se peut imaginer
en ce monde. O fortuné trespas! ô Chelles trop heureuse!
ô trois & quatre fois precieuse
cellule, qui a veu trespasser vne
Royne si saincte! Helas! est-ce
mourir cela, ou plustost triompher de la mort, de l'Enfer, &
de tout l'Vniuers? Quel bon-
heur ô Dieu! quel infiny bon-
heur, de viure comme vn Ange, mourir comme vne Saincte, estre desia entrée en Paradis deuant que d'estre sortie
hors du corps & du monde?
Le mōde croyoit qu'elle auoit

beaucoup perdu, laiſſant vn
puiſſant Royaume pour eſtre
ſimple Religieuſe de Chelles :
Mais ie m'aſſeure que ſi elle re-
uenoit au monde, elle aymeroit mieux eſtre la plus petite
Religieuſe de Chelles, que
l'Emperiere des quatre parties
du monde, voire de cinquante
mondes ? Au reſte ces pauures
filles de Chelles eſtoient de-
meurées proſternées à terre, les
yeux collez au Ciel, ayant ainſi
accompagné leur bonne me-
re, & eſtans ſi fort eſtonnées
& eſplorées, qu'elles eſtoient
plus mortes que viues. En fin
il fallut reuenir, & ſe reſoudre,
& penſer à cette precieuſe relique de ſon corps qu'elles bai-

ferent cent fois, & lauerent de
leurs chaudes larmes, fouhait-
tans helas ! de bon cœur de
pouuoir mourir treftous auec
leur bonne, leur chere, & leur
tres-faincte mere. Deuant fon
trefpas la tres-humble feruante
de Iefus-Chrift, auoit deman-
dé vne grace à la mere Abbeffe, qui l'aymoit comme la prunelle de fes yeux : à fçauoir, que
quand Dieu l'auroit retirée de
cette vie, qu'on celât fon trefpas à tout le monde, horfmis
aux Preftres qui feroient ne-
ceffaires pour la ceremonie de
fon enterrement, & pour dire
des Meffes pour le repos de
fon ame; En outre qu'elle con-
iuroit toutes les Religieufes

d'essuyer au plustost leurs larmes, & ne s'amuser point tant
à crier , & à se douloir de sa
mort : mais plustost à prier
Dieu pour elle, & loüer Dieu,
qui luy auoit faiĉt vne si grande misericorde , que de pouuoir viure & mourir à Chelles,
qui estoit vne marque tres-
grande de sa predestination: là
où si elle fût trespassée dans le
Louure, & dans les Royautez,
possible elle eust esté damnée,
au moins elle eust couru vn
grand hazard de l'estre. Finale-
mét elle se fit promettre qu'on
l'enterreroit le plus simplemét
que faire se pourroit, & comme la plus petite Religieuse du
Conuent. Bonté de Dieu! que

l'esprit du monde est different de l'esprit de Dieu ! Les plus Grands n'ont autre ambition que d'estre les plus petits: & les petits n'ont autre passion que d'estre Grands, voire au peril de la damnation de leurs ames. Cette puissāte Royne ne craint rien tant, sinon que le Roy, la Cour, & Paris sçeut son tres-pas; car tout le monde y fût consuolé, on eust faict vn tintamarre incroyable, le bruit eût desrobbé la deuotion, il y eust eu plus de tracas, mais peu ou point de pieté : On l'eust voulut fendre & embaumer, parer en Royne, faire vne Chappelle ardente, dresser vn tombeau Royal, & mille telles vanitez que la bonne Royne auoit en horreur. Son plus cher defir eftoit d'eftre mis en terre tout pofitiuement, eftre rongée des vers comme les autres, eftre affiftée des cœurs ardents de fes bonnes fœurs, pluftoft que de ces Chappelles ardentes, qui bien fouuent ne feruent que de vaine parade: En fin eftre traictée comme la plus petite des feruantes de Dieu. Ceux qui meurent dans l'efcarlatte & dans l'or, & qui gifent dans les tombeaux d'albaftre, & dãs les maufolées peuplez de ftatuës de bronze & de fin or, ne font pas d'ordinaire ceux qui font les plus belles morts. Helas! nenny: Au contraire c'eft

bien souuent où on fait de terribles tragedies, & des trespas
pleins d'horreur & d'effroy.
Dans la poussiere & dans l'humilité, c'est là où le Ciel verse
ses plus grandes faueurs, & où
les Anges se plaisent dauantage. Il fallut donc faire à la saincte Royne, ce qu'on luy auoit
si sainctement promis. En toute diligence, & en toute simplicité on la mit sous terre, n'y
ayant que les Prestres, & les
Religieuses qui fussent à ce
conuoy : mais au defaut des
grandeurs du monde, il y eut si
grande abondance de larmes,
si grãdes ardeurs de deuotion,
vne douceur si extraordinaire
du Ciel, que de long temps on

ne vit de ſi belles, & de ſi riches funerailles.

De la tranſlation de ſon ſainɛt
corps, & des miracles qui
s'y firent.

CHAP. X.

Aris & toute la Fran-
ce fut long temps, ne
parlant quaſi que des
eminétes perfeɛtions de l'heureuſe Royne Bathilde. Tandis
que les Sainɛts viuent, on ne
fait que s'en moquer, & le mõde s'en ſert comme de riſée : ſi
toſt qu'ils ſont morts, tout le

monde les admire, & presche leurs grandeurs. L'odeur de sa saincteté dura long-temps, & à la Cour mesme on en parloit bien souuent, & on estimoit tres fortunée cette inuincible Princesse : tellement que le Roy Louys le debonnaire eut enuie d'aller à Chelles, pour en apprendre au vray toutes les particularitez. L'Abbesse qui estoit à l'heure se nommoit Hegiluich, fille grandement sage, & qui gouuernoit sainctement vn tres-grand nombre de Religieuses. Elle receut le Roy auec vne façon si agreable, que sa Majesté en fut tres-satisfaite. Tous leurs discours furent des vertus surcelestes de la Royne

Bathilde, de sa vie Angelique,
de ses deuotions, de sa profonde humilité, de sa patience inuincible, de la vision de l'Eschelle, de son heureux trespas,
de l'odeur de sa sainéteté, & du
reste. Dieu inspira le Roy de
prier l'Abbesse qu'on fit translation de son corps, le trans-
portant de la petite Eglise de
saincte Croix où elle auoit esté
desia l'espace de vingt ans, à la
nouuelle Eglise dediée à nostre
Dame, qui est celle qu'on voit
maintenant. L'intention du
Roy c'estoit, partie pour auoir
le bien de voir le corps d'vne si
grande Saincte, partie aussi
pour l'honorer dauantage, &
la mettre en lieu plus honora-

ble, & vn peu mieux orné.
Mais Dieu auoit vn autre
dessein que vous verrez tātost.
La bonne Abbesse fit vne profonde reuerence, & promit au
Roy qu'elle feroit tout ce qu'il
luy faisoit l'honneur de luy
commander. De faict apres
que sa Majesté fut partie, elle
conuoqua le Chapitre, propo-
sa à ses filles le desir du Roy,
disant que les prieres des Roys
c'estoient des cōmandemens,
& des oracles, que neantmoins
elle ne vouloit rien remüer
sans prendre leur aduis. Toutes
ces vertueuses filles à iointes
mains coniurerent leur bonne
mere de faire au plustost cette
desirée translation, que ce leur
seroit,

seroit helas ! vne confolation
ineftimable de reuoir encor
vne fois en ce móde leur bonne & fainɛte Mere , & tout le
precieux threfor de leur maifon , qu'vne fi grande Sainɛte
meritoit bien d'eftre mieux
placée qu'en ce petit coin d'v-
ne vieille chappelle , qui auec le
temps periroit & feroit enfe-
uelie dans le tombeau de l'ou-
bliance : qu'il la falloit mettre
aux pieds de noftre Dame ,
qu'elle auoit tant & tant aymée iadis : il ne fallut pas grande Rhethorique pour luy per-
fuader . En toute diligence elle
fit venir vn grand nombre de
Preftres pour dire le feruice
tres-folemnellement , & faire

dignement cette saincte ceremonie ; toutes les Religieuses
de leur costé estoient toutes
remplies de ioye indicible &
d'vne deuotion extraordinaire.
L'Abbesse commanda qu'on
fit de grādes prieres, afin qu'on
peust sçauoir la volonté de
Dieu, & de la Saincte aussi, &
si elle auroit agreable qu'on
remüât ces cendres & qu'on
troublât le repos sacré de son
corps. Ce qui fut fait, & bien
fait ie vous en asseure ; car il en
cousta bien des larmes, & bien
des sanglots à toutes ces bonnes filles. Le seruice estāt acheué, on s'en va en procession au
lieu où reposoit le corps de la
Saincte Seruante de Dieu ; on

ouurit la terre tout autour du
coffre où gisoit la relique : ie
vous asseure que le cœur trem-
bloit à la plus grande partie de
l'assistance, & si on ne sçauroit
dire pourquoy : mais tant y a
qu'vne saincte horreur saisit les
cœurs des hommes, & des filles, & trembloient tous voyãt
fouïr dans ce tõbeau; en fin on
trouua le coffre, & on la mit
sur le paué de l'Eglise. Tout
aussi tost on se prosterna à terre, & on commença à psalmo-
dier, & à se ietter comme à
corps perdu pour baiser ce sacré depost d'aussi bon cœur,
comme s'ils eussent baisé les
mains de cette grande saincte.
On fut d'aduis d'ouurir le cof-

fre pour voir si tout estoit re-
duit en cendre, & s'il n'y auroit
point le test, ou quelque os
tout entier pour en faire vne
chasse à part pour la consolation des bons Catholiques. O
que Dieu est admirable en ses
Saincts ! quand ouuerture fut
faite auec grand honneur, bonté du Ciel, quel estonnement!
car on trouua, tant d'années
apres auoir esté enseuely dans
le ventre de la terre, le corps
aussi entier, & aussi beau, comme si ce mesme iour il eust expiré son esprit. On commença donc à crier, Miracle! miracle! & meslant cris auec cris, &
larmes auec larmes, toute la
compagnie fut remplie d'vne

fi grande ioye, que c'eft chofe
qui ne fe peut bonnement re-
prefenter.   La nouuelle vola
foudain à Paris, & tout Paris
vola en vn inftant à Chelles;
car comme les Parifiens font
bons & aiment les nouuelles
fur tout du Paradis, on vit vn
monde de perfonnes courir
à ce fpectacle. C'eftoit vne
foulle incroyable, & vne deuotion tout à fait extraordinaire, ils ne fe pouuoient faouler
de regarder ce corps miraculeux, ils baifoient cent & cent
fois les pieds de cette glorieufe
Royne, ils faifoient toucher
leurs Chapelets, & leurs heures,
& ne fçauoient quellé fefte
faire à ce diuin depoft. Que

vous dirai-ie de la deuotion du
Roy son petit fils, & de la Roy-
né, des Princes, & des Princesses & de toute la Cour de France ? Mais voicy bien d'autres
nouuelles ; car comme tout le
móde estoit en Iubilation, vne
pauure vieille Religieuse de
Chelles , percluse de tous ses
membres, il y auoit long téps,
eut vne extreme enuie d'aller
salüer cette saincte, & se rècó-
mander à ses sainctes prieres.
Mais quel moyen de l'y trai-
ner, ou quelle apparence de
porter ce pauure corps demi-
mort à l'Eglise ? Si pleura-elle
tant , si coniura - elle tant ses
bonnes sœurs, qu'en fin il fallut
bien par amour ou par force la

porter là où gifoit ce fainƈt
corps. Son cœur s'ouurit , &
fes yeux à la veüe de cette fainƈte Dame; l'enuie de guerir, la
deuotion de fon cœur, fur tout
l'infpiration de Dieu , qui fe
vouloit feruir d'elle pour pu-
blier la fainƈteté de fa bonne
feruãte,en fin la viue foy qu'eut
cette pauure interdite de tous
fes membres,pouffa tãt de larmes par fes yeux, tãt de foupirs
de fa poittrine , tant de prieres
embrafées de fa bouche, qu'il
pleut à Dieu par l'entremife de
fainƈte Bathilde d'exaucer cette bonne vieille . Voyla donc
tout d'vn coup vn grand miracle; car elle fentit iouër tous les
refforts des nerfs & fe renoüer

toutes les iointures de só corps,
& vne certaine chaleur vitale
courir par toutes ses veines, tellement qu'en vn instant elle se
va leuer sur ses pieds & cria
d'vn grand cris: O bon Iesus, ie
suis guerie! O saincte Bathilde,
ie vous rends graces, de ce que
vous m'auez rendu la vie. Ce
ne fut point illusion, ny simplicité, mais la pure verité;
car cette miserable creature,
qui auoit esté si long temps gi-
sante au lict, & quasi enseuelie
comme vn corps mort, que
par pure misericorde il l'auoit
fallu porter en l'Eglise entre les
bras des filles, en vn clin d'œil
elle se leua comme en sursaut,
commença à marcher toute

seule, & s'en retourna sur ses
pieds, elle qui estoit arriuée
là sur les mains de ses bonnes
sœurs. On ne sçauoit à qui courir pour admirer la bonté de
Dieu, ou à la Saincte, pour
voir vne telle femme morte,
où à la viuante pour voir vne
demy-morte resuscitée : à celle
là pour voir vne femme Saincte, à celle-cy pour voir vne
femme miraculeuse. Quelle
ioye indicible à tout le Conuent, de se voir dans leur sein
vne Saincte qui faisoit des miracles, vne Saincte qui viuoit
par miracles ? Ce miracle fut
cause, que se renouuellant le
concours & la deuotion, il y
eut vne si grâde presse à baiser

ce Sainct corps, qu'on se pensa escraser à la foulle. Ce fut
merueille qu'on ne deschira sa
robbe en cent mille morceaux
pour auoir des reliques, voire
mesme son corps, & qu'on ne
luy couppa les cheueux & les
ongles. L'Abbesse qui estoit
sage trouua vne belle inuentió
pour se sauuer, & pour s'excuser de ne rien entamer pour
contenter les Princesses, qui
mouroient d'enuie d'emporter
quelque chose qui eust touché
le corps de la Saincte Princesse. Elle va dire que c'estoit à
faire à l'Euesque de disposer
des reliques, & declarer la verité des miracles, & ordonner
ce qu'il faudroit faire selon les

Sainⅽts Canons, d'vn corps
qui s'eſtoit conſerué vingt ans
durant dans le ſein de la terre,
ſans s'alterer en aucune façon,
ny ſe gaſter en aucune partie,
& qui faiſoit deſia miracles.
Cét aduis arreſta tout le monde, on enuoya ſupplier Mon-
ſeigneur le Reuerendiſſime
Eueſque de Paris, de ſe tranſ-
porter ſur le lieu, & faire ſa vi-
ſite. Dieu permit qu'il ſeiour-
na quelque temps deuant que
faire ce voyage, ou fut-ce pour
s'informer plus à loiſir de tout,
& ne rien precipiter, ou fut-ce
pour autre ſubiet, indubitablement ce fut par permiſſion de
Dieu bien particuliere. Car il
faut que vous ſçachiez qu'il y

auoit vn certain Baudran, qui
iamais n'auoit eu nul vfage de
fes iambes qui eftoient comme
mortes, au moins fi feiches, &
fi repliées, que le pauure mife-
rable n'auoit iamais marché
que fur fes genoux, s'appuyant
fur fes mains. Cét infortuné
Squelete oyant parler du miracle aduenu à la Religieufe,
fut infpiré fi puiffamment &
d'vne foy fi viue, qu'il commença à dire tout haut, que fi
on le portoit à la Sainéte, af-
feurement il feroit guery fur le
champ. Vray Dieu, que les
touches de la vraye foy font
fortes, & que les Saints ont vn
merueilleux pouuoir! On porte donc ce demy homme tout

aupres du cercueil où estoit
estenduë la Saincte : le pauure
homme commença à pleurer
& faire ses prieres : mais d'vne
telle ardeur, & auec vne si
grande foy, & des paroles si
precises, que resolument il ne
partiroit point de là qu'il ne
fut guery, qu'il attendrit le
cœur de toute l'assistance. La
saincte Royne ne peut escon-
duire ce bon homme, ny rien
refuser à qui auoit vne si ferme
foy en Dieu : elle parla à Dieu,
& sa diuine bonté commanda
que sa requeste fut enterinée :
il n'eut point bonnement dit
Amen, & acheué sa petite priere, que voila tous les nerfs qui
se vont desplier, & les veines

s'ouurir & toutes les arteres, le
fang & les efprits commencent
à courir & animer & efchauf-
fer les iambes : tellement qu'en
vn moment voila Baudran fur
pied, à la veuë de tout le monde, il commença à marcher,
toute l'Eglife retentit de cris
d'allegreffe, & de ce mot de
Miracle! Mon Dieu, la Sainĉte
a faiĉt miracle! chofe qui con-
fóla infiniment ce grand monde de peuple qui eftoit dans
l'Eglife. L'hiftoire de ce temps
nous affeure que les Demons
furét chaffez des corps, les maladies bien fafcheufes gueries,
& que toute forte de miracles
fe firent à fon tombeau. Peu
apres arriua le Reuerendiffime

qui recognut tout , ordonna
de tout , fit preparer pour trãſ-
porter le corps auec toute magnificence : afin de mettre en
vne belle chaſſe ce corps benit
de Dieu , & qu'en ſon temps
on en peut faire vn beau reli-
quaire pour la conſolation de
la poſterité Catholique , & ſur
tout des Religieuſes de Chelles, qui eſtoient les bonnes filles , & les chers enfans de la
ſainĉte Royne Bathilde. De
faiĉt on a faiĉt vn digne reli-
quaire de ſon chef , vn autre
pour ſainĉt Eloy , dont on a le
teſt à Chelles; Et pour les corps,
ils ſont ſur l'Autel , à ſçauoir, la
chaſſe de ſainĉte Bathilde, celle
de ſainĉte Bartille premiere

Abbeſſe ; celle de cette petite innocente, filleule de ſaincte Bathilde, & d'autres corps Sainɛts. Tout eſtant faiɛt dignement & Royallemét, tout le monde s'en retourna à Paris le cœur remply de ioye, & de ſainɛt eſtonnement, eſtimant trop heureuſe l'Abbaye de Chelles qui a vn tel threſor. Ie ne vous diray pas dauantage de ſes miracles ; qui en fait vn, en peut faire cét mille, s'il eſtoit neceſſaire pour la gloire de Dieu. Outre que ce ne ſont pas les miracles qui fót les Sainɛts, quoy que les Sainɛts ſoient ceux qui font les miracles, & pluſieurs deſcendront en Enfer qui ont faiɛt des miracles :

& auſquels Ieſus - Chriſt dira
au iour du Iugement, que iamais il ne les cognut, ny n'ap-
prouua leurs façós de vie mal-
heureuſe. D'abondant vaut
mieux vous dire les miracles
que vous pouuez faire, & en
les faiſant vous peuuent faire
Sainct, que vous compter les
miracles que vous ne ſçauriez
faire: & quand vous les feriez,
poſſible vous feroient pluſtoſt
vain, que Sainct. Les vrays miracles qu'a faict ſaincte Bathilde, & qui l'ont canoniſée dans
le Ciel, ce ſont ceux-cy.

Premierement , qu'elle a
mieux aymé eſtre pauure ſeruante de Ieſus - Chriſt, & vne
ſimple Religieuſe de Chelles,

qu'vne tout puiſſante Royne
de France, & le Soleil des Roynes de l'Vniuers.

Secondemẽt, elle a pluſtoſt
choiſi d'eſtre gouuernée d'vne
petite, & fort ſimple Abbeſſe,
que regenter toute la Monarchie de France. O le beau miracle ! de voir vne femme,
qui pouuant commander aux
Roys ſes enfans, & aux Princes, ayme mieux eſtre ſubiecte
à vne Superieure, poſſible in-
diſcrette, poſſible glorieuſe,
poſſible rechignée & de mau-
uaiſe façon, croyant que quãd
elle parle c'eſt Dieu qui parle,
& faiſant toutes ſes volontez
comme ſi c'eſtoit la volonté
de Dieu !

Troiſieſmement , eſt-ce pas vn beau miracle, de voir vne Princeſſe fouller aux pieds vn Diademe & vn Sceptre , & ſe rédre ſi pauure qu'elle ne puiſ-ſe pas diſpoſer d'vne eſpingle ſans congé de l'Abbeſſe?

Quatrieſmement , quel mi-racle eſt comparable à cela, de voir vne Princeſſe, la perle des Princeſſes , ſeruir de marmi-tonne à la cuiſine , nettoyer les ſouliers d'autruy , eſtre la ſer-uante des ſeruantes du Mona-ſtere, tenir vn plat de terre & receuoir les phlegmes des ma-lades qui tirent du cœur , & fai-re cela d'vn viſage ſi gay , & d'vn ſi grand cœur, qu'vn An-ge tout Ange qu'il eſt, auroit de

la peine de le mieux faire, ny
auec plus de tendreſſe, & plus
de charité?

Cinquieſmemět, i'aymerois
beaucoup mieux auoir ſa profonde humilité, & ſa grande
modeſtie, que reſuſciter vn
corps mort. Mon Dieu, peut-
on rien voir de plus miraculeux qu'vne Sereniſſime Royne, mere des Roys de France,
s'eſtimer ſi peu de choſe, que la
moindre Nouice de Chelles, à
ſõ aduis, eſtoit beaucoup meilleure qu'elle, & ne s'eſtimoit
pas digne d'eſtre au nombre
de ces filles du Ciel, qui ſer-
uoient Dieu auec vne ſi grande innocence.

Sixieſmement, par permiſ-

sió diuine à sa premiere entrée
à la Religion , elle fut menée
fort brusquement, & certes in-
dignement, au grand regret de
l'Abbesse Bartille qui estoit
vne saincte. Quel plus grand
miracle vous semble-il qu'elle
eût fait, si elle eût deslié la langue des muets , ouuert les yeux
aux aueugles , fait entendre les
sourds, resuscité les morts ; ou
bien que voyant les indignitez
qu'on commit en son endroit
& à tort, elle eût fermé sa bouche sans respondre vn seul mot
à tant d'iniustice qu'on luy faisoit ; qu'elle eût veu sans voir
ces indignitez, qu'elle eut ouy,
sans s'esmouuoir tant de sottes
paroles , & qu'elle eut fait cre-

uer l'impatience dans la poitrine , tué l'amour propre dans
son cœur, massacré tous ses iu-
stes ressentiments & toute la
vengeance , & qu'au lieu de se
plaindre qu'elle dit de si bon
cœur: Helas! encor suis-ie trop
heureuse de souffrir si peu de
chose ! O doux Iesus , si on me
traictoit selon mes merites,
las ! on me traicteroit bien de
toute autre sorte ! Mais ie vois
bien que c'est , on espargne
ma foiblesse, & on s'accom-
mode à mes infirmitez.

Septiesmement, appellez-
vous point miracle de voir vne
femme, vne Royne, vne personne tant caduque, vne malade, estre si retenuë que iamais

au grand iamais elle ne se plaignoit que de soy, & de ses im-
perfections : iamais elle ne parloit mal de personne : iamais
elle ne mettoit sur le tapis ses
grádeurs passées, ny ne se vantoit de toutes ses Royautez &
des mondanitez que tout le
monde adore ? Tout ce dont
elle se vantoit, c'estoit de n'e-
stre rien, d'estre fort inutile,
d'auoir mal employé son téps,
d'estre petite seruante des seruantes du bon Dieu.

Huictiesmement, ses prie-
res estoient d'ordinaire trempées de ses larmes, & ses deuotions estoient si solides, si viues, si eminentes en leur naïf-
ue simplicité, que c'est ce qui

la réd plus admirable que cent
mille miracles. O que vaut bié
mieux faire voler son cœur au
Ciel, que faire marcher vn boiteux ! Et ô que vaut bié mieux
dresser toutes ses affections en
Dieu, ne cherchant purement
que sa gloire, que redresser des
bossus, des contre-faicts , des
manchots , & des gens entre-
prins de leurs membres !

Neufiesmement, pour moy,
ie vous diray auec rôdeur, que
le plus grand de tous ses miracles à mon aduis, c'est que d'v-
ne grande Princesse , elle ait
faict vne grande Saincte. Les
Grands du monde ont toutes
les peines du monde de deuenir Saincts. Du temps mesme
que

que Iesus-Christ preschoit diuinement , & qu'il deuoit faire fendre les pierres , ce n'e-
stoit quasi que le peuple qui
croyoit , & au rapport de S.
Iean Chap. 2. Vn meschant
garniment dit : y a-il vn seul
Prince, ou des plus sçauants de
la Synagogue , qui croye ce
qu'il dit ? il n'y a que cette ver-
mine de la populace , & des
gens de neant qui se soucient
de ce qu'il dit. De faiĉt dans le
Martyrologe de l'Eglise , on
ne trouue qu'vn Empereur
Sainĉt, 5. Emperieres 18. Roys,
6. Roynes , dont sainĉte Bathilde en est l'vne, 3. Princes, &
2. Princesses. Mon Dieu, que
voila vn petit nombre , & la

plufpart encorce sót Martyrs,
ou Princes qui quitterent le
monde pour trouuer la fain-
cteté dans les Monafteres,
qu'on perd helas ! bien ayfé-
ment dans la Cour : mais veri-
tablemét on ne l'y gagne guiere. Quel bon-heur à faincte
Bathilde, & quel beau miracle
d'auoir fçeu quitter les grandeurs , pour dans la petiteffe
trouuer les grandeurs eternel-
les d'vne gloire immortelle?

arallele de la vie Royalle de
sainɛte Bathilde auec sa vie
Religieuse, & qui est plus heureuse mesme en ce monde vne
Royne, ou vne Religieuse.

CHAP. XI.

P L A T O N disoit, que [S. Chryſ.] son bon Maistre So-
crates estoit comme
les images des Dieux, qui par
dehors sont fort viles, & pleines souuent de poussiere, & de
pauureté : mais dedans sont
toutes remplies de Majesté, &
de Diuinité. La difference qu'il
y a entre les seruiteurs de Dieu

& du monde eſt cette-cy, que
les vns ſont tous d'or par dehors, & tous puants par dedãs,
les autres ſont miſerables en
apparence, & au corps : mais
tout le Paradis eſt ſouuét dans
leurs ames. Or Ieſus-Chriſt le
prend d'vn autre air, & dit; que
les Seculiers ſont cõme ces
beaux tombeaux qui ſont d'or,
d'azur, & de marbre au dehors:
mais dedãs ce ne ſont que cha-
rongnes pourries, & crapaux
qui les rongent. La plus grande partie des hommes croyrõt
que ſaincte Bathilde obligea
bien fort Chelles , & la Religion, quittant le Louure, & le
throſne Royal pour s'enfermer dans vne cellule, & pour

moy ie croy tout le contraire,
& que la pauureté de la Religion la rendit plus glorieuse,
voire en ce monde icy, & cent
fois plus heureuse, & plus honorée, que quand elle eût eu à
ses pieds to⁹ les Princes de l'Europe, estant assise sur le throf-
ne de France. Premierement,
il n'y a Roy, ny Royne, qui
mourant ne voulut auoir eu le
bien d'auoir esté Religieux
pluftoft que Prince : & vous
ne trouuerez vne seule Religieufe, qui fe trouuant à l'agonie, & en ces dernieres extre-
mitez voulut auoir changé la
vie, auec la vie de la plus grande Emperiere du monde. De
faiƈ plufieurs Princes mou-

rants ordonnent qu'on les ha-
bille de quelque habit de Religion, n'ofant quaſi paroiſtre
en autre habit deuant le throſne de Dieu, & teſmoignant aſſez le regret qu'ils ont d'auoir
veſcu en autre habit que celuy
qu'ils ont pris à la fin de leur
vie. Mais mettons en parallele
vie auec vie, Empire auec Empire, grandeur auec grandeur,
Bathilde Royne, auec Bathilde Religieuſe, & nous verrons
la difference extreme. Vn Roy
puiſſant & vne grande Royne, commandent à de grandes
Prouinces, ont des Princes à
leurs pieds, ont des armées
puiſſantes, des Conſeils, des
Parlements, des nombres in-

nombrables de ſeruiteurs &
d'officiers : mais ſont aſſiegez
d'vn horrible camp d'ennemis
domeſtiques, qui paſſent à trauers les fers des hallebardes , &
les corps de Gardes, c'eſt à ſçauoir, des paſſions enragées,des
enuies, des amours, des haines,
des deſirs , des ſoucis qui per-
cent le cœur, des martyres qui
les bourellent nuiΣt & iour, &
qui ſoubs les rideaux d'or & de
ſoye,ſement tout de chardons,
& cependant il faut faire bonne mine: Le moindre deſplai-
ſir qui arriue, leur oſte le plaiſir & le ſentiment de toutes
leurs grãdeurs. Là où vne ame
qui s'eſt entierement deuoüée
à Dieu, & ayme la ſolitude,el-

le exerce vn grand empire fur
ſon petit monde ; car chaque
perſonne eſt vn petit vniuers,
& vne petite Monarchie, là on
commande aux armées des vices, & on dompte leur felon-
nie : là on donne des reines à la
cholere pour la tenir en bride,
on defarrouche l'enuie, on ter-
raſſe l'orgueil, & luy abbat-on
les cornes, on deſcharne la
volupté, on eſcraſe l'auarice
ſoubs le pied victorieux d'vne
tres-riche pauureté : là on ſe-
couë le joug de la tyrannie des
paſſions indomptées, on gue-
rit toutes les maladies de l'ame,
& ſe leuant par deſſus tous les
Cieux, on a ſous ſes pieds tout
l'Vniuers dont on ne faict non

plus de cas que de la bouë. Et voila eſtre Roy cela, de commander à toutes les creatures, & n'eſtre ſubiet à perſonne qu'à Dieu ſeul, exerçant vn puiſſant Empire ſur toute la nature creée, non pas eſtre aſſis dans l'or, eſtre rayonnant d'eſcarlatte, eſtre gardé de genſdarmes, & au bout de tout cela eſtre ſubiet à la cruelle tyrannie de mille frayeurs, mille ſoubçons, mille ſortes de hazards. Et auoir touſiours la frayeur dans le cœur. Quelle Royauté ie vous prie, d'eſtre couronné de diamants par dehors, & par dedans auoir l'ame trauerſée, & tranſperçée de mille eſpines ſanglãtes? L'hom-

me qui ne peut commander à
foy-mefme, pourra-il eftre capable de regir les autres ? que
diront fes fubiets, le voyans fu-
jet au vin, à la cholere, au def-
pit, au plaifir, & à mille bru-
talitez, ou vrayes niaiferies?

Mais voyons les en guerre
ie vous prie, & vous verrez
quelle différence il y a de l'vn à
l'autre : Et qu'il faut bien plus
de courage, & de magnanimi-
té pour eftre bonne Religieufe, que pour eftre grande Royne. Premierement, quand il y
eut de la guerre en France durant fa Regence, ce ne fut pas
elle qui monta à cheual, qui
mit l'efpée à la main, qui alla à
la charge, ce fut affez de com-

mander qu'on y allât: mais po-
fons le cas que ce foit vn Roy
qui y aille en perfonne, qui foit
couuert de fang & de fer, qui
faffe du Mars. En premier lieu,
il faut auoir plufieurs milliers
de genfdarmes, il faut comme
vne tempefte ruiner tout par
où on paffe, courir mille hazards pour acquerir vne motte de terre, & vn mefchant vil-
lage qui ne vaut pas le brufler,
ou vanger quelque outrage
faict volontiers auec vn feul
mot à deux ententes: en fin ce
fera ou l'auarice, ou l'ambitiõ,
ou la haine, ou quelque furie
de paffion qui cornera la guerre, & à tout rompre il n'aura
en tefte que des hommes; car

quelques barbares, quelques
dragons qu'ils soient, en fin ce
ne font que des hommes , &
pour la plufpart des gens de
neant. Mais à la guerre fpirituelle, c'eft là où il faut du courage , puis qu'onn'a pas en tefte des hommes feulemét: mais
des lyons, des dragons, des ti-
gres , des monftres horribles
de paffiós enragées : que dif-ie?
des beftes fauuages : Il faut có-
battre tout l'Enfer,tous les Demons, toutes les furies inferna-
les,tantoft vne à vne, tantoft à
la foulle : & ce qui eft plus difficile que tout cela, c'eft qu'il
faut fe combattre foy-mefme,
& quafi partager fon cœur en
deux, vn combattant , vn fou-

enant; l'esprit & le corps estât
n perpetuel estour, & à san-
lantes prises ne finissant ia-
ais de se battre. Qu'au mes-
e instant qu'il faut finir de vi-
re & commencer de mourir;
puisque la mort mesme se nó-
e agonie, c'est à dire, combat
& duel à outrance. Que direz-
vous apres, si ie vous dis qu'on
est tout seul contre tant de mil-
lions d'ennemis ? Que direz-
vous, si i'adiouste qu'on est
tout desarmé, si ce n'est de la
cruauté d'vn cilice, qui sert de
corps de cuirasse, & de sem-
blables armes toutes offensiues
pour nous, & fort rudes & fort
aspres? Que direz-vous en fin,
si ie dis que le moyen de tout

gagner, c'est qu'il faut tout perdre, & que celuy qui a le plus de coup, le plus de maux, & le plus de souffrance, c'est le plus glorieux? Mais ce qui est admirable, c'est qu'en apparence l'ame religieuse est toute seule, cependant comme il se vid en Elisée, tout le Ciel est en armes pour le secourir. Or ce qui console infiniment, c'est que ce n'est point pour acquerir vne couróne de laurier sec, ou bien vne branche fleistrie de palme, ou pour gagner vne motte de terre : mais c'est pour acquerir la Monarchie du Paradis, & pour estre couronné de lauriers immortels & des pierreries des Anges. Parmy

es Roys helas! les euenements
es guerres sont si incertains,
qu'on a veu bien souuent quasi en vn mesme iour, vn Prince
entrer triomphamment dans
vne ville, & sur le soir passer
par les mains d'vn bourreau &
auoir la teste tréchée. Icy pour
peu qu'on fasse on ne sçauroit
iamais estre vaincu, puis qu'à
l'heure mesme qu'on est vaincu, si on sçait bien vser de sa
perte , c'est l'vnique moyen
pour emporter la victoire, &
triompher de son ennemy
triomphant, & gagner le Ciel
en perdant la terre.

Voulez-vous comparer les
delices de la Cour , aux delices
de la vie Religieuse ? Bathilde

estant à la Cour estoit assiegée
d'vn monde de Seigneurs, &
de courtisans, c'est à dire, pour
la pluspart des hommes qui
pensent plus souuent à leurs in-
terests qu'au seruice de Dieu.
Helas! combien y a-il là de re-
nieurs de Dieu , combien de
desbordez , combien de voleurs , combien de gens sans
ame & sans Religion? & regar-
dez le mal-heur , il faut mesme
que ceux qui ont le cœur bon,
& ayment la vertu , qu'ils con-
tre-fassent les mauuais , qu'ils
deguisent leur pieté , & que
donnant le cœur à Dieu , ils
prestent la parole , le visage, &
la mine au mode & à la Cour,
faisant semblant d'estre mes-

chans, pour n'eſtre point eſti-
mez bons Chreſtiens, & gens
de bonne conſciéce qu'on appelle là bigots, ſcrupuleux, &
hypocrites. Le moins qui puiſſe eſtre, c'eſt que ce ſont toutes
perſonnes intereſſées, & qui ne
ſeruent que pour profiter, &
tant qu'ils eſperét de faire leurs
affaires. Au reſte point d'amitié,
point ou peu de fidelité, point
du tout d'aſſeurance. Dans le
ſacré ſilence du Cloiſtre quelle
douceur du Paradis ! tantoſt
on parle à ſainɛt Iean, & à S.
Pierre ; tantoſt on oyt tonner
ſainɛt Paul, on va ſaluër Moyſe, & les Prophetes, on chante
melodieuſement auec le Roy
Dauid, on pleure auec Suſan-

ne, on ieufne auec Iudith, on
fouffre conftammēt auec Iob
& Tobie, on entend Salomon
& les oracles de fa Sageffe, on
vole en Paradis pour voir
Dieu & les Anges, & à fon
tour le Paradis tombe dans les
cœurs, & les Anges vont vifiter ces bien-heureufes ames.
On void tous les iours paffer
deuant les yeux les plus agreables fpectacles du monde, auiourd'huy la vie d'vne faincte
Vierge couronnée de rofes
blanches de virginité, & incar-
nates du Martyre; demain les
faicts heroïques d'vne martyr
inuincible, puis vn fainct Her-
mite demeurant 50. ans fur vn
pilier comme vne ftatuë de

sainɛteté , les tragedies des
Martyrs , les merueilles des
Confeſſeurs, des miracles des
morts reſuſcitez , des conuer-
ſions admirables : En fin liſant
les vies des Sainɛts , on void
vne partie du Paradis en terre.
Ouy mais, on n'eſt pas ſeruy
à la grandeur par des hommes
luiſants d'or & de broderie , &
auec vn monde de friandiſes
& delices Royalles. Helas!
qu'il y a de fiel, & d'abſinthe
dans ces plats d'or & d'argent ! & parmy ces friandiſes,
combien d'areſtes cruelles, cóbien de bouquons, & cóbien
de morts , & de maladies ca-
chées? Dans la Religion vous
eſtes ſeruy de peu de gens, mais
auſſi ſont des Anges : de mets

grossiers, & fort petitement;
mais sucrez de la douceur du
Paradis, & où il ne faut point
faire d'essay de peur de poison,
ny d'excez de trop manger;
car tout y est dramé, ny faute
d'appetit apres auoir bien ieus-
né, & chanté, & iamais il n'y
eut lict mieux faict que celuy
que chacun fait pour soy-mesme de ses mains propres, ny iamais mieux seruy que celuy
qui se sert soy-mesme , & au
bout de tout cela, qui a le cœur
content est trop heureux, n'eût
il que du pain bis & de l'eau, &
la terre platte pour y dormir
dessus. Les entre-mets de la
Religion sont portez par les
Anges, à sçauoir, la ioye, le

ris, les consolations cordiales,
les larmes de douceur, la paix
du cœur, qui est la fleur du
cœur, les pensées blanches du
Paradis, de la temperance &
d'vne sobrieté delicieuse, en fin
c'est le festin des vertus filles
du Ciel, & des graces, comme
le festin des enfans de Iob, où
les trois sœurs assistoient leurs
sept freres, & tousiours pour
assaisonner les viandes, à sçauoir la Foy, l'Esperance, & la
Charité. Y peut-il auoir festin
au monde plus delicieux, que
celuy qui est faict par les sept
dons du sainct Esprit, & ho- S.
noré par ces trois Princesses Greg.
du Paradis? Apres ce festin l'e- lib.
stomach n'est iamais trop Mor.

chargé, si est bien l'ame ; car à
vray dire, au festin de la Religion on mange plus de deuotion que de viande ; en ceux
des Roys & des Roynes on est
si chargé de cuisine, si endormy & enseuely dans vn sommeil profond, si tourmenté de
mauuais songes, si pesant le
matin, l'haleine si forte, la teste si mal cuite & si appesantie,
le corps si alangoury, qu'on
n'est bon à rien faire. Dans le
Cloistre à minuict on est es-
ueillé, on est leger & dispos
sans aucune incommodité, on
chante les loüanges de Dieu,
& on faict icy dans le sacré silence de la nuict, ce que les
Anges font sur le Firmament.

ais mon Dieu, quel horrible
intamarre parmy tout cela
ans la Cour des Grands, quel-
e voyrie & quel carnage dans
es cuisines, quelle confusion
parmy les seruiteurs, quel
gouffre où tout s'abysme, tout
nage dans le sang, dans le vin,
dans l'ordure, & ces pauures
Princes sont à vray dire, dans
vne espece de Purgatoire! Là
où Bathilde en la douce solitude de Chelles, iouyt d'vn repos incroyable, regardant le
Ciel à son ayse, viuant sur terre comme si elle estoit dans le
Ciel, n'ayant nul soucy que de
seruir Dieu, & faire ce qu'on
luy commande de sa part, &
du reste comme s'il n'y auoit

point de monde au monde. La
voila parmy des Vierges comme parmy des lys & des roses,
& comme parmy des Anges
du Ciel.

Et ie vous supplie quels sont
les entretiens de la Cour , &
dequoy parloit-on à la bonne
Bathilde ? de mondanitez , de
querelles , d'affiquets , & d'a-
tours , de plaisirs , & de bouf-
fonneries , pour ne rien dire de
de pis ? & dequoy peuuent parler les Courtisans , puis qu'ils
ont honte de parler de Dieu,
& de la vertu , & font trophée
de baffoüer la pieté , & tenir
mille propos infames ? Là où
dans le Cloistre on ne parle
d'ordinaire que de Dieu, ou à
Dieu,

Dieu , chantant , pleurant, ſouſpirant doucement & aſpirant à la ſainĉte maiſon de Dieu , nuit & iour à l'Egliſe pſalmodiant auec les Anges, & faiſant icy bas le meſtier qu'on fait ſans ceſſe là ſur le firmament. On eſt touſiours dans le ſein virginal des vertus, tantoſt dans celuy de l'humilité , tantoſt de la charité, tantoſt du ſilence, tantoſt d'vne amoureuſe mortification, tantoſt la diſcipline à la main comme ſi c'eſtoit la fronde de Dauid pour mortifier Goliath, la chair & eſcraſer ſes rebellions ſoubs le pied victorieux d'vne douce auſterité , en fin dans le ſein de l'obeïſſance, n'ayant autre vo-

lonté que celle de Dieu , &
des   Superieurs Saut-copius
Roy ayant esté Moyne , &
estant sur le point de rendre
son esprit, on le coniura de dire ayant esté Roy & Moyne,
quelle difference il y auoit de
l'vn à l'autre? Helas! dit-il, vaut
mieux vn iour de la Religion,
que cinquante ans de Royauté : car viure là, c'est viure en
Purgatoire, & viure icy c'est
viure en Paradis.

Pour voir plus clairement
la difference de ces deux estats,
considerez-les en la maladie &
en affliction. Quel desespoir
au Prince , quand il se voit au
lit , agité de douleurs , impor-
tuné de visites , assiegé de

Medecins & de medeci-
nes , sans aucun soulagemeñt,
luy qui ne sçait que c'est que
souffrir, qui n'a pas appris d'a-
uoir recours à Dieu, qui est im-
patient tout ce qui se peut, qui
croit estre tout-puissant &
cependant ne peut ny chasser,
ny guerir , ny souffrir ceste
cholique enragee, qui le met
au desespoir : le nom seulement de la mort le fait mourir
de frayeur, il ne sçait plus à qui
s'en prendre, ny à quel Sainct
se voüer. On a beau le couurir
d'or & d'escarlatte, luy mettre
le diadesme à la teste, & le sceptre à la main , cela n'a garde
de le guerir , au contraire cela
l'afflige dauantage: le plus sou-

uerain remede c'est d'auoir à
son cheuet quelque bon seruiteur de Dieu qui luy tienne
quelque discours du Ciel, c'est
d'enuoyer aux maisons Religieuses pour faire prier Dieu
pour sa santé , c'est d'auoir
quelque chose sacrée qui ayt
esté touchée par quelque bon
Religieux, ou quelque saincte
Vierge, en fin ce n'est qu'effroy , que tres-gran de tristesse,
qu'vn pur desespoir. Conside-
rez maintenant Saincte Bathilde malade à Chelles : elle
benit Dieu de bon cœur , elle
croit qu'elle ne souffre rien,
quelque martyre qu'elle souffre , son visage gay monstre la
ioye , & la constance de son

cœur, la maladie luy est fort
douce, la sucrant du fiel de la
Passion de Iesus-Christ qu'elle
porte grauée dans son cœur, la
mort ne luy faict nulle peur,
ains luy est à souhait, & fort
agreable, son ame iouit d'vne
profonde paix, elle ressemble
Iob sur le fumier, Tobie dans
son aueuglement, sainct Iean
bouïllant dans l'huille, ces trois
Innocens dans la fournaise ardéte, & iour & nuit ils coniu-
rent toutes les creatures de be-
nir la bonté du Createur : que
se peut-il dire dauantage ? Faites que le Roy par malheur
perde son Royaume : le voila
le plus desesperé, le plus desa-
streux homme du monde, &

sans resource, il faut qu'il meur-
re miserable. L'ame Religieuse
quand par malheur elle auroit
perdu son Empire , qui est
l'Empire des vertus, en moins
de rien elle recouure tout , en
pleurant , en s'humiliant , en
priant Dieu la voila remise en
possession de tous ses estats, &
de tout son domaine , voire
bien souuent auec plus de grace & de bon-heur que deuant
sa perte mesme.

Adioustez la captiuité où
est vn pauure Prince, & vne
grande Princesse, à vray dire,
ils sont seruiteurs de leurs seruiteurs & plustost esclaues: il y
a vn monde de gens à contenter, raison ou non raison, si on

ne fait (outre qu'ils se font
imaginez qu'oñ doiue faire
pour eux , tout est perdu , les
plus meschants sont les plus
importuns , à leur leuer , à leur
coucher, à table, à l'Oratoire, à
cheual & à pied ils sont assie-
gez & ne peuuent pas respirer
à leur ayse. Si vous baillez à
tous , ce n'est iamais faict : si
aux vns , les autres creuent
d'enuie & ne cessent de murmurer ; si à personne , tout est
perdu , iamais ils ne sont contents & tout leur est deu. La
bonne Bathilde , & la bonne
Religieuse , iouït d'vne saincte
liberté , ne doit rien à personne, nul ne les voit à toute heure, hormis les Anges , on ne

leur demande que leurs fainctes prieres, qui valét plus que
tout l'vniuers, pour peu qu'elles dõnent, on fe fent infinimét
obligé à leur charité ; fi elles
ne donnent rien, on n'oferoit
s'en plaindre; bref que le monde fe renuerfe fans deffus
deffoubs elles font à leur aife,
hors de ce tintamarre & fça-
uent plus de nouuelles du Ciel,
que de celles de la terre dont
elles fe foucient fort peu , &
certes n'en font pas grand cas.
En fanté rien ne leur defaut de
leurs neceffitez , elles haïffent
les delicateffes comme la pefte
des vertus, en maladie elles sõt
feruies par des fainctes filles &
par des mains virginales , & à

vray dire elles font mieux affi-
ftées que des Princeffes.

Quel plaifir eut la vertueufe
Royne, ou plutoft queldefplai-
fir n'eut Bathilde à la Cour,
où elle vit mourir le Roy fon
Seigneur & mary, affez mife-
rablement ? elle vit mourir
deux Roys fes enfans, elle vit
mourir en Bourgongne des
Roynes, & des Princes eftran-
glez, efgorgez, precipitez dans
de puits, bruflez tous vifs, par
leursfreres, par leurs oncles, par
leurs plus proches, quel carnage eft-ce là ? quelles barbares tragedies ? eft-ce là regner,
ou eftre dans vne mer pleine
d'orages & de furieufes tempe-
ftes ? Confiderez-la mainte-

nant , & iettez les yeux ſur
Chelles , voyez la iouïſſance
d'vn calme imperturbable ,
parmy des Chœurs de Vierges
modeſte comme des Anges,
ardente d'amour de Dieu
comme des Seraphins ; elle,
cette Princeſſe toute d'or , cóme vne belle Lune parmy tant
d'Eſtoilles , enchaſſée comme
dans vn Firmament , auquel
l'Ange de l'obeïſſance donne
le branſle , & fait vne harmo-
nie du Ciel , elle faict là vne
vie celeſte , & tres-eminente,
& ne péſe qu'à y acquerir toute ſorte de perfections diuines,
tous ſes plus grands crimes ſont
quelques petites vetilles , dont
la rédreſſe de ſa conſciéce faict

de gros pechez , quelque foudaineté de paroles, quelque petite pareſſe , auoir quelque leger diuertiſſement en ſes prieres. Mon Dieu, quelle vie heureuſe eſt-ce là ! faire ſi peu de pechez , & ſi petits , & s'enrichir d'vn million de vertus excellentes , & paſſer ainſi heureuſement ſa vie pour en gaigner vne autre infiniment plus glorieuſe!

Il me ſemble que ie vous entends dire ſourdemét en vos cœurs, que les Princes ont de grands threſors , de grands honneurs, & de grands moyés de bien faire , & ſauuer bien des perſonnes. A la verité s'ils faiſoient tout ce qu'ils peuuent

faire, ils feroient bien du bien.
Bonté du Ciel! combien y en
a-il qui faſſent ce qu'ils peuuent ? mais ce qu'ils veulent?
mais ce qu'ils doiuent ? mais la
centieſme partie de ce à quoy
ils ſont obligez ? & puis tous
ces threſors, toutes ces fumées
d'honneur, en vn inſtant s'eſ-
uanouïſſent & les faut quitter
pour iamais. Les threſors des
Religieux ſont threſors immortels, leurs honneurs ſi ſo-
lides qu'ils ne periſſent iamais,
leurs ioyes ne ſont point ſubie-
ctes à longues eclypſes.

Ce ne ſeroit iamais fait, ſi
on vouloit tout dire, venons
au point principal, à ſçauoir, à
la mort, & au Iugement de

Dieu. Hé Dieu ! quel estonnement pour les Roys ! las ! quel
passage, que de sauter du throsne au tombeau, & pour tous
Courtisans n'auoir rien tout au
tour que des vers qui les rongent & qui se gorgent de leur
carcasses ! Pour le Iugement
helas ! quel effroy ! rédre compte de soy, d'vne vie si bigarree
& libertine, d'vn million de
personnes leurs sujeƈts, de tant
de sang versé, tant de morts,
tant de ruïnez, tant de calamitez enormes, tant d'obmissions
tant de commissions, tant de
pechez commis, ou permis
impunement ! Si vn sainƈt per-
sonnage a prou affaire de respondre de sa pauure personne,

Seigneur Dieu, quel abyſme
ſera-ce que la conſcience d'vn
prince, & quel terrible iugemẽt
& rigueur effroyable à l'heure
de ſa mort, s'il eſchet qu'il ſoit
damné ! O Ciel ! ô Terre ! quel
horrible changement ! tomber
droit dans les flammes cruelles ſortant d'vne vie ſi delicate,
& ſi delicieuſe, & au lieu d'eſcarlatte eſtre veſtu de flámes,
au lieu d'eſtre couuert d'or,
d'argent & de perles, eſtre
plóngé dans du ſouffre, dans
l'huille & des metaux bouïl-
lants, & tout le long de l'E-
ternité ſouffrir des geſnes in-
ſupportables ! que s'ils meurent
en grace, vray Dieu, qu'il faudra bien-longtemps bruſler au

Purgatoire & bien payer ce
moment de delices de la vie
paſſée, qui ne ſemblera veritablement qu'vn moment! Que
ſi par miracle quelques Princes vont droiƈt en Paradis, il
n'eſt pas croyable, dit S. Chry-
ſoſtome, combien ils ſont au
deſſous des bons Religieux, qui
faiſans bien leur deuoir montent bien haut dedans les Hierarchies des Anges, & laiſſent
bien bas les grands Seigneurs
du monde, qui ont eſté bien
eſloignez de la ſainƈteté de
leur vie.

Les ames Religieuſes ap-
prehendent fort peu ce paſſa-
ge qu'elles ont deſiré toute
leur vie, & s'y ſont preparées

tous les iours par mille & mille
examés rigoureux: que si quelque petite frayeur leur demeure, c'est le reste de leur Purgatoire ; afin qu'espurées par là
elles puissent voler droict en
Paradis: mais d'ordinaire Dieu
leur oste toute frayeur à l'heure de la mort , se contentant
qu'elles l'ayent euë tout le téps
de leur vie par leurs sainctes
contemplations . Au demeurant elles n'ont pas grád compte à rédre , parce qu'elles l'ont
rendu dix mille fois par tant de
Confessions faictes continuel-
lement versant beaucoup de
larmes , comme aussi parce
qu'elles n'ont à parler que d'el-
les-mesmes, & de leur petit mó

e, n'ayans charge de perſon-
e, ny affaire dangereux , ny
bligation à perſonne , &
'ont pas peur d'eſtre damnées
our autruy, ce qui eſt dange-
eux pour les Grãds de ce mõ-
e. Que dites-vous de l'aſſiſtan-
e qu'elles ont de tant de Sainɛtes perſonnes qui les aſſiſtent,
de tant de Sainɛts du Paradis
qu'elles ont ſeruis, & cheris en
leur vie, de leurs bons Anges
qui en ont vn ſoin tres-parti-
culier, de tous les Sainɛts . &
Sainɛtes de l'Ordre, qui ne
manquent iamais en cette neceſſité extreme, & font corps
de garde tout autour de la perſonne mourante, afin qu'on ne
leur nuiſe point : & leurs ames

accoustumées à s'esleuer en
Dieu, quels colloques tendres
poussent-elles à l'heure, quels
propos embrasez, quelles fontaines de larmes, quels souspirs
yssus du fond du cœur, quelle
deuotion à receuoir les diuins
Sacremēts, quelles aydes n'ont-
elles pas du Ciel & de la terre?
En fin quand saincte Bathilde
mourut, faisoit-elle pas fendre
les pierres, au moins les cœurs
par la tendresse de ses paroles?
Et cette eschelle qu'elle vit,
monstre-elle pas que les ames
Religieuses sortans du corps
bien souuent montent tout
droict au Ciel? Et comme dit
sainct Bernard, c'est vne belle
marque de predestination de

mourir dãs la cellule d'vn Monaſtere, où Dieu nous a.con-
ſignez, & comme confiſquez
pour eſtre à luy à la vie, à la
mort, & à l'eternité. Il fut re-
uclé à vn des diſciples de ſainƈt
Bernard, que ceux de l'Ordre
de S. Benoiſt, qui mouroient
dans l'Ordre, apres auoir eſ-
ſayé de bien garder la diſcipline Religieuſe, que mourant ils
alloient d'ordinaire droiƈt au
Ciel, & là ils eſtoient placez
parmy les Anges, les Martyrs,
les Apoſtres, & quelques-vns
donnoient bien prez des Seraphins, tant l'ardeur de leurs
ames leur donnoit des aiſles
bien fortes pour môter ſi haut,
que cela. Allez maintenant

côparer les Grands de ce monde, & leur mort pleine de hazards, à la mort tres-heureuse
des perſonnes Religieuſes : Allez comparer Bathilde Royne, à Bathilde ſimple Religieuſe de Chelles, & la Regente des
Princes à vne bonne fille de S.
Benoiſt, obeyſſante à vne ſim-
ple-Abbeſſe : & oſeriez vous
ſeulement penſer qu'elle eut
peu arriuer à vn degré ſi haut
de perfection , dans la ſplendeur de la Royauté, comme
elle a fait dans la pauureté d'vn
petit habit Religieux, & dans
la candeur d'vne vie innocente? Quittant Paris , elle trouua
le Paradis, & perdant vn petit
Royaume, tout de terre, elle

gaigna vn Empire d'estenduë
infinie , là sur la voute des
Cieux : Viuant & mourant
Royne , volontiers toute sa
grandeur eût esté enseuelie dãs
son mesme tombeau, & sa memoire bien-tost perduë, & entierement effacée du monde ;
Et voila que son nom est escrit
dans les Annales de l'eternité à
lettres d'or, & sa vertu canoni-
sée, & n'y a quasi rien qui la
rende plus recommandable à
la posterité, que d'auoir quitté tout, pour s'enfermer dans
Chelles. De 94. Roynes de
Frãce, on ne parle quasi point
tant de toutes les autres ensemble, que de trois ou quatre qui
ont abandonné la Majesté

Royalle , pour embraſſer la pauureté de la Religion : des autres on en parle fort peu , & ce peu qu'on en dit , n'eſt pas choſe de grande ſubſtance , & ce ſont choſes qui pour le plus, appartiennent pluſtoſt à quelque eſclat de gloire mortelle, qu'au bó-heur eternel de leurs ames : Mais de ſaincte Bathilde, les Papes & les Roys, les quatre parties du monde en parlent auec honneur & grande reuerence, & ce qui importe le plus , les Hierarchies des Anges , & tous les Saincts du Paradis en font vn eſtat admirable. Demãdez luy à elle meſme: indubitablement elle vous dira , que le pauure ſeiour de

Chelles , & sa vie dans la Religion , est chose dont elle faiƈt
plus de cas que de cent mille
Monarchies du monde , & de
cent mille mondes tout ensemble: Que tout ce qui est de
plus precieux dans sa vie , ce
sont ces petites souffrances,
ces humiliations , ces mortifications sauoureuses , ces ieus-
nes , ces larmes , ces contradi-
ƈtions, ces mespris ou indiscretions , & autres tels exercices
de pieté , qui sont proprement
les choses qui l'ont mise dans le
Ciel , & dont maintenant elle
se glorifie plustost que de toutes les vaines mondanitez de la
Cour , qui en fin possible l'eussent perduë , & plongée dans

vn abyſme de mal-heurs. O
combien elle cherit ce lieu ſacré de Chelles, non tant parce
que ſa chere moitié, & ſon
corps benit y repoſe, quil'a
tant aydée à gagner la gloire
eternelle : mais parce que c'eſt
le lieu où elle a peu ſeruir noſtre Seigneur, & qui eſt cauſe
de ſon plus cher bon-heur: c'eſt
ſa terre promiſe, c'eſt ſon Paradis terreſtre, c'eſt ſa delicieuſe ſolitude, c'eſt le lieu fauorable de ſes combats, & de ſes vi-
ctoires, c'eſt la grande porte
du Paradis, c'eſt le Bethleem
où elle naſquit à la vraye vie,
l'Egypte où elle voulut fuir &
viure en vn petit exil, le Temple où elle fut inſtruite du petit
Ieſus.

Iesus-Christ, le Iourdain où elle fut baptiſée dans l'eau de
ſes larmes, le Cenacle, où elle
mangea l'Agneau & le corps
pretieux de ſon bon Ieſus, le
Mont des Oliues, où elle pria ſi
ſauoureuſement, & où elle ſua
ſang & eau ſeruant Dieu en
toute auſterité & mortification, le Caluaire, où elle fut
crucifiée au monde, & où elle
crucifia le monde & toutes ſes
pompes, & vaines vanitez, le
tombeau, où elle enſeuelit
tout ſon amour propre, &
toutes ſes propres volontez,
& le Mont heureux des Oliues, d'où prenant congé
de la terre, elle prit ſon vol
droit aux Cieux, où elle eſt

N

vrayement Royne , & où
auec Iesus-Chrift & tous les
Saincts elle regnera tant que
l'eternité durera.

Qu'eſt-ce que Dieu pretend met-
tant des Princes & des Prin-
ceſſes dans les Religions, & ſi
les Religions s'en doiuent reſ-
iouïr, ou non.

CHAP. XII.

ALa fin de cette vie
Royalle , ie veux at-
tacher cette piece, &
faire comme Apelles, qui ayant acheué ſes ouurages iettoit
deſſus vn certain vernix, qui

sembloit fort propre pour tout
gaster , & cependant c'estoit
ce qui donnoit l'esclat & la vie
aux couleurs demy-mortes, &
qui meurtrissoit le rayon trop
vif des autres estincellantes :
Bref c'estoit le plus beau de
tout son ouurage, & le traict
inimitable qu'on nommoit le
traict d'Apelles. Ma proposition semble vn Paradoxe, &
contre le sens commun. Helas!
peut-il aduenir plus grand bien
aux Princesses, que d'estre seruantes de Iesus-Christ, & compagnes des Anges, & des Seraphins ? Peut-il aduenir aux
Religions bon-heur plus sou-
haitable, que se voir enchasser
dans le Ciel de leur Ordre, de

beaux & rayónants Soleils, des Roys & des Roynes, & des Princesses adoréesdu móde cóme des petites Deesses? Si faut-il, que ie vous die ce que i'ay sur le cœur. En premier lieu, ie vous représenteray que S. François, faisant vn iour ce tãt renommé Chapitre General, qu'on nomme le Chapitre des Nattes, où il y auoit vn monde de Saincts Religieux. L'histoire porte que le Diable, vray singe de l'Eglise, tint aussi vn Chapitre des Demons pour essayer de contre quarrer celuy de ce S. homme Seraphique. La proposition qui fut faicte, fut à sçauoir, quel moyen il y auroit de ruïner

l'Ordre nayſſant de ces freres
Mineurs, qui leur donnoit tãt
d'apprehenſion. Mille aduis
malheureux, & mille ouuer-
tures deteſtables furent faicƚes
par diuers eſprits malins: en fin
vn des Principaux , dít : que
pour l'heure que la ferueur y
eſtoit ſi grande, & tant d'humilité, il ne falloit pas eſperer
d'y rien gaigner; mais qu'apres
la mort de ce miſerable François, il falloit eſſayer de faire
entrer dans cét Ordre beaucoup de gens ſçauants , beaucoup de Seigneurs delicats &
de grande maiſon , affin que
deuenants malades ils fiſſent
par leur delicateſſe relaſcher
cette extreme rigueur de

l'Ordre , lequel se voulant
releuer & comme annoblir
par la reception de ces grands
Seigneurs , iroit entierement
en decadence. Cét aduis fut
receu auec vn applaudissemét
general, & fut conclu que cela seroit faict efficacemét. Cette pucelle Romaine qui liura
sa Ville de Rome aux Gaulois,
à la charge qu'ils luy donneroient des carquants , & des
bagues, receut d'eux tant d'or
& tant d'argent qu'elle en demeura estouffee. Les pauures
Religions qui ouurent la porte
aux Grands du siecle, courent
hazard d'estre escrasées sous les
grandeurs, qui entrainent tant
de priuileges , tant d'exce-

ptions, tant de respects humains, que cela faict des bref-
ches irreparables. En gaignant
vn peu d'honneur, on perd
beaucoup de perfection, &
peu à peu la discipline Religieuse s'esuapore en fumée de
ceremonies, & complimens
spiritualisez, & l'esprit du
monde, gaste l'esprit de Dieu.
Les Annales de Sauoye, portēt
qu'Amedée vn des Princes de
Sauoye, quitta tout pour aller
à Ripaille, Monastere bien re-
formé : il en prit l'habit, mais il
y estoit seruy comme auparauant, & faisoit grand' chere,
tellement que de là vint le mot
de faire Ripaille, & la penitence du bon Prince Amedée.

Paradin
hist.
Sau.

N iiij

L'Abbé luy dit vn iour, Monseigneur, vous me demãdez ce qu'il me semble de vostre resolution, de quitter tout pour vous rendre Moyne? à la verité il me semble que vous auez changé d'air seulement , non pas de vie ; & tout nostre paure Conuent est remply d'vn tel tintamarre de valets, de cuisiniers & de reueréces, que vous eussiez beaucoup fait & pour vous, & pour no⁹ de demeure en vos Seigneuries. Le bõ Seigneur ouurit les yeux , fit son profit de l'aduis de l'Abbé, & changea vn peu sa façon de faire. Là dessus on le fit Pape, dõt l'Abbé fut tres-aise: le plus grãd miracle que font les Prin-

ces n'eſt pas d'étrer en Religió,
mais d'y demeurer, & y demeurer nó pas tellemét quellemét,
mais y menant vne vie com-
mune, ſans eſbrecher les Rei-
gles : & de vray c'eſt à l'heure
qu'ils font miracle, quand ils
ne feroient rien. Las ! helas
que ces miracles ſont rares &
& eſtrangement difficiles !
c'eſt pourquoy tout bien balancé, il ſemble que les Religions doiuent pluſtoſt trembler que de ſe vanter : quand
le Grands du móde entrent en
leurs maiſons, ſi ce n'eſt qu'ils
faſſent comme ſainÆte Bathilde, ou comme Ieſus-Chriſt,
qui dioit qu'il eſtoit deſcendu
du Ciel de ſes grandeurs, pour

feruir pluftoft que pour y eftre
feruy. Syncleticus, grand Senateur, auoit quitté fa dignité
pour fe rendre Religieux , &
croyoit que pour auoir fait ce
coup là, les Religieux eftoient
encor trop heureux de le pouuoir feruir, & luy faire mille
careffes. S. Bafile alla vifiter ce
Monaftere, & ayant appris la
fimplicité de cét homme, qui
s'eftoit noyé dans vn verre
d'eau, luy dit vn iour d'vn ac-
cent affez rude : Syncleticus,
vous auez des-fait vn Senateur;
mais vous n'auez pas faict vn
Moyne. Pourquoy ? dit l'autre. Mó amy, dit le Sainct, nous
n'auons que faire de ce que
vous auez efté, trop bien, nous
auons affaire de ce que vous

estes, ou deuez estre. Si vous
voulez estre Senateur, soyez-le
de par Dieu , si vous voulez
estre Moyne, soyez-le donc ,
mais à bon escient; car de vouloir estre Senateur, Moyne, &
Prince Religieux, voulát estre
Prince parmy les Moynes, &
auoir ie ne sçay quel ascendát;
certes mó cher amy, c'est folie
à vous, car vous perdrez beaucoup quittant tout, & ne gai-
gnerez guiere ne faisant rien
ceans, que nous ennuier , nous
cornant tousiours aux oreilles
que vous estiez iadis vn grand
Senateur , & vn petit Prince.
N'allós pas si loing, parlós de la
Royne Bathilde : si tost qu'elle fut entrée à Chelles , vne si

grande tempeste se sousleua,
qu'elle pensa tout abysmer:
tellement que la pauure Princesse fut effrayée , voyant cét
orage au beau cómencement
de sa vie Religieuse. Que di-
rós-nous de ce que dit S.Paul,
1.Cor.1. Que Dieu d'ordinaire
pour faire de grands Sainćts
ne choisit que des personnes
basses en apparence, roturiere
affamées , gens de peu & de
si peu , qu'il semble qu'ils ne
soient rien : il appelle dit-il, ce
qui n'est pas , comme ce qui
est. De fait qui peut esperer
que des Princes doüillets, delicats , nays dans l'or & dans le
pourpre,nourris de manne,ac-
coustumez à commander , à

nager dans le nectar & dans leurs aifes , puiſſent porter la Croix de Ieſus-Chriſt , aymer la confuſion , s'engraiſſer de ieuſnes , s'enyurer de larmes, & triompher dans les ſouffrances ? C'eſt pourquoy il ſemble qu'il ne ſoit pas à ſouhaitter que beaucoup de cette qualité y entrent, auſſi fort peu d'vn ſi grand nombre de Princes ont choiſi ce chemin pour aller en Paradis . Les pierreries languiſſantes, qui reſueillent leur iour éclypſé & leur eſclat demy-morts , eſtant trempées dans l'huille , ſi on les met dans le vinaigre, elles perdent quaſi tout leur luſtre , & eſteignent leur ſplendeur. Les Princes , &

les Grands qui font les Eſtoilles & les pierreries de la terre, ſi
vous les mettez dans le vinaigre de l'auſterité de la Religion, & de la Paſſion de Ieſus-
Chriſt ; il eſt à craindre que
cela ne leur glace le cœur, &
n'eſteigne leur vertu : dans
l'huille de quelque delicateſſe,
du monde , ils conſeruent
quelque eſtincelle de vertu.

Mais c'eſt trop rabaiſſer
vne choſe ſi haute , & vne ſi
grande & aduantageuſe fa-
ueur que Dieu faiɛt aux Princeſſes, qu'il met dans ſa maiſon, & aux maiſons ſacrées, où
il met des Princes, & des ſages
Princeſſes. Ie ne parle point de
celles qu'on y met par force, ſi

ce n'eſt que de neceſſité on en
faſſe vertu, ny auſſi peu de celles qui auroient deſſein d'eſtre
plus à leur ayſe ſoubs l'arbre de
la Croix, que ſur la palme des
grandeurs de ce monde en leur
propre maiſon : Mais ie parle
de celles qui y ſont appellées
d'vn appel tout diuin, & qui y
viuent dignement en vrayes
Religieuſes. Voulez-vous ſçauoir ce que Dieu pretend faire, & la faueur qu'il faiƐt aux
familles de Religion ? En premier lieu, il les veut forcer doucement à eſtre toutes bien par-
faiƐtes, & leur oſter toute ex-
cuſe. Qui oſera dire à Chelles
qu'elle ne peut ieuſner, veiller,
prier, & faire la cuiſine, quand

on luy dira que saincte Bathilde, Royne de France a bien
faict tout cela ? Qui osera se
plaindre d'estre peu aymée,
trop mortifiée, & souffrir trop
d'indiscretion, ou d'austerité,
quand on luy fera voir vne si
puissante Princesse auoir faict
tout cela, & si gayement que
rien plus ? Vous nous parlez de
Regles, de Sermons, & d'ad-
dresses: en voulez-vous de plus
admirables, que voir ce que la
mere de tant de Roys a faict?
Au monde vous n'eussiez pas
esté digne de seruir les seruantes d'vne si grãde Princesse, &
oseriez-vous bien estre si indis-
crete que vous mettre en parallele auec elle, que de ne fai-

re pas ce qu’elle faiƈt, & que
vouloir eſtre plus delicate
qu’vne ſainƈte Bathilde, Emperiere d’vne ſi fleuriſſante
Monarchie? Quand Alexan-
dre le Grand vouloit que tout
le monde fit ce qu’il vouloit, il
le faiſoit le beau premier : à
l’heure les ſoldats auoient vne
ſi grande honte, qu’ils ſe fuſſent
iettez dãs les flammes, pluſtoſt
que de manquer au moindre
de ſes commandemẽts. Quand
on void la Royne Bathilde, ou
vne autre Princeſſe garder ſi
exaƈtement les Regles, & eſtre
ſi humble , helas ! qui auroit
cœur ou langue pour ſe plaindre, & trouuer rien de difficile
à la Religion? Pour oſter donc

toutes les excuses aux ames fai-
neantes, Dieu met des sainctes
Princesses dans les Religions,
pour remplir de confusion
toutes ces ames glorieuses, qui
estans personnes de si peu de
merite, & de si bas lieu compa-
rées à vne Royne, oseroiét bien
se plaindre, & faire les delicates, si on leur dit le moindre
mot du monde. Bestise ! helas,
grande bestise, & indigne d'vn
cœur qui veut estre Religieux,
quelque beau pretexte qu'on
sçache inuenter.

L'autre raison est pour honorer la vertu, la mettre en credit, & faire voir que seruir
Dieu c'est regner, & que les
Ordres de Religion sont plus

honorez deuant Dieu, que les
grandeurs du monde les plus
grandes. C'eſt pourquoy Dieu
qui ayme tendrement l'Ordre
de ſainČt Benoiſt, l'a annobly
plus que nul autre Ordre de
grands Perſonnages, ou qui en
ſont ſortis, ou qui y ſont en-
trez. Car de compte faiČt on y
trouue 52. Papes, 200. Cardi-
naux, 5. Patriarches, 1600. Ar-
cheueſques, 4000. Eueſques,
d'hommes eminents en ſcien-
ce 15000. Empereurs & Em-
perieres, 43. fils d'Empereurs,
44. Roys ou Roynes, 96. fils
de Roys ou filles 107. Princes
& Princeſſes ſans nombre,
SainČts canoniſez à milliers;
SainČts, non canoniſez, c'eſt

chose qui ne se peut dire ; car
c'est vn peuple de Sainɛts in-
nombrables. Parmy cela sainɛte Bathilde paroit comme vn
beau Soleil assistée d'vn monde, de Vierges sorties de Chelles, où elles ont gagné Paradis
à son exemple, & par son in-
tercession. Helas ! que Chelles
est obligé à Dieu, d'auoir vn si
rare thresor, & l'auoir eu iadis
simple Religieuse, foullant aux
pieds Sceptres & Diademes,
faisant littiere de toutes les pó-
pes du monde, pour estre simple seruante de Iesus - Christ!
Apres saincte Bathilde, combien de fois Dieu a il enuoyé
de braues Princesses de sang
Royal, & Imperial pour estre

simples Religieuses, & des rares exemples de toute forte de
vertus eminentes? Ceux qui re-
gardent long temps & fixe-
ment le Soleil , ont fort long
temps les yeux fi remplis de lumiere, que tout ce qu'ils regar-
dent leur femble des Soleils, ou
couuert de Soleils. Les filles de
Chelles, & d'autres telles for-
tunées maifons, qui ont fouuent l'honneur de voir des
vertueufes Princeffes, quifont
comme de beaux Soleils, font
fi remplies de rayons de lumiere du Ciel, & doiuent eftre fi
rauies de la beauté de la perfe-
ƈtion, & fi feruente au feruice
de Dieu , qu'elles deuroient
eftre des demie-Sainƈtes. Que

ſi elles ne le ſont, que diront-el-
les à Dieu, quand il leur repro-
chera, qu'elles ont eſté ſi folles
que de s'excuſer, ou d'eſtre ſi
arrogantes & ſi inſolétes qu'elles n'ont pas eu honte de s'eſga-
ler à des Princeſſes, elles qui ne
ſont rien : mais que meſmes elles n'ont pas daigné faire, ce
que deuát leurs yeux ont faict
ſi dignement, tant & tant de
Princeſſes ? De façó que Dieu
les rend tout à faict inexcuſa-
bles, & les honorant d'vn co-
ſté, leur donne auſsi vne loy de
vertu qui eſt indiſpenſable.

La 3. raiſon eſt, pour monſtrer
la ſottiſe du monde qui bien
ſouuent prend le pire pour le
dóner à Dieu, & à la Religion

Comme ſi la Religion n'eſtoit
qu'vne deſcharge du monde,
& que ce qui ne vaut rien pour
le monde, fût bon pour la Re-
igion. Iadis ſi vn agneau eſtoit
efeƈtueux & auoit la moindre tache du monde, ne pouuoit eſtre offert à Dieu ſans ſa-
crilege; Et ſi les Leuites eſtoiét
boſſus, ou boiteux, chaſſieux,
u contre-faits, & de mauuai-
e rencontre, ils eſtoient irre-
uliers & n'oſoient approcher
u Temple, ny de l'Autel ſous
eine de la mort. Helas ! eſt-ce
as vne honte qu'au ſiecle où
ous viuons, il ſemble que les
eligions ſoient les eſgouts du
onde, où on iette les balieu-
es, & les ordures des familles,

Exod.
Leuit.

& se faut il estonner si tout va
en decadence & sans dessus
dessous ? Dieu faict bien autre
iugement des Sainctes familles
de Religion ; car pour les releuer il y met des Princes, & des
Princesses, & des plus releuez
du monde : pour nous apprendre, que, comme dit sainct Cy-
prien, la fleur de l'Eglise, la plus
illustre portion de l'heritage de
Iesus-Christ, l'estat le plus re-
leué parmy les hommes, c'est
la Religion, que sainct Chry-
sostome appelle, la Republi-
que & la Hierarchie des Anges mortels. Sainct Bernard
le nomme le Paradis des deli
ces du Ciel ; Sainct Basile, v
essay & comme vn Nouitia

de la vie Seraphique; & les
autres Saincts l'ont honorée
du tiltre d'Eschelle de Iacob
par où montent les Anges: de
Sanɇta Sanɇtorum, où Dieu
est assis, & où la manne est ca-
chée: la montagne de Dieu,
où il donne à Moyse le Deca-
logue de la sublime perfectiõ:
le troisiesme Ciel, où S. Paul &
les belles ames sont rauies bien
souuent : le Paradis terrestre,
où Adam voit souuent les Anges, & le Seigneur des Anges
auec des priuautez nompa-
reilles : L'Arche de Noé, où
quasi personne ne se damne,
puisque S. Bernard , dit que
c'est vne marque de predestination de mourir dans vne

cellule : C'eſt Bethleem où
Ieſus-Chriſt nayt tous les iours
dans le cœur innocent des
ames vrayement Religieuſes,
c'eſt le Temple où on oit ſa diuine parole & ſes Sermons
miraculeux qui conuertiſſent
les ames: la ſaincte Montagne,
où Elie entendant le doux vent
du Zephire des ſainctes inſpi-
rations , il dit tout auſſi-toſt,
que Dieu eſtoit tout prés de
luy : c'eſt la nouuelle Hieruſa-
lem, où Dieu fait des miracles
par le moyen de la penitence
ouurant les yeux des aueugles,
faiſant courir les boiteux & les
pareſſeux , faiſant ouïr les
ſourds, & meſmes reſſuſcitant
les morts forçant les cœurs de

viure entierement à luy & mourir tout à faict au monde: finalement c'est vne piscine miraculeuse, où tous les iours on faict toute sorte de miracles, & où l'Ange du Ciel descend tous les iours pour consoler les bonnes ames, & où on ne respire que l'air du Paradis, & l'element des cœurs. Vous semble-il que cela soit vn lieu pour receuoir le reliqua du monde, & des creatures inutiles ? tant s'en faut, Dieu faict que les Princesses y estans appellees se sentent tellement honorées, qu'elles estiment plus vne simple cellule, vn petit habit noir dans la Religion, que les Sceptres, & les

Couronnes, & toute la vaine
piaffe des Cours souueraines
du monde. De faict quád saincte Bathilde y entra, on chanta vn *Te Deum*, comme si elle
fût sortie de quelque grande
captiuité, ou si elle eût acquis
vne bien grande Monarchie.

La quatriesme, c'est pour
sauuer les Princes & les plus
Grands du monde, qui voyant
euidemment qu'ils se dam-
nent dans les traces du monde,
s'enfuient au desert ; & affin
qu'ils ne puissent s'excuser de
porter la rigueur de la Religion, eux estants si delicats, il
leur met deuant les yeux des
Emperieres , & des ieunes
Princesses belles comme des

roſes, & des lys, delicates comme des fleurettes , qui neantmoins ont courageuſement
porté la Croix de Ieſus-Chriſt,
& ont forcé le Royaume des
Cieux par vne douce violence
d'humilité & de mortificatió.
Il entra vn iour dãs l'Ordre ſacré de Sainɛt Dominique, vn
ieune enfant de tres-bonne
maiſon : le pain de la Com-
munauté eſtoit fort dur , &
bis, & le pauure garçon mou-
roit de faim & n'en pouuoit
manger. Vous pouuez bien
vous imaginer que la premiere
penſée qui luy tranſperça l'a-
me, fut vn regret de s'eſtre iet-
té dans vn Cloiſtre, où le pain
à la main il luy falloit mourir

Hiſt. de S. Do-min. ch. dern.

de faim , car il ne le pouuoit
aualer , & à grand' peine voir
& fentir : en fuitte le voila im-
portuné de ietter le froc aux
orties & s'en retourner en
Egypte , & chez foy pour
trouuer le moyen de viure. En
cette agonie Dieu luy ietta
vne douce infpiration dans l'a-
me qui le fauua entierement :
il eftoit fort deuot à Noftre Dame , dont il y auoit vne
Image au Conuent de Bolo-
gne , qui y eft encore tenuë
auec grande veneration : ce
pauure defefperé fe va mettre
à genoux deuant elle , & commença à plorer , monftrant à la
Royne du Paradis vn morceau
de ce pain de pierre , & noir

comme sa Chappe, & se plai-
gnant à elle doucement, de
ce que cela seroit cause qu'il
faudroit tout quitter. En cette
douce complainte, il va tomber vne goutte de sang du costé de Iesus-Christ, qui va dô-
ner droict sur ce pain. Ce ieune
garçon fut inspiré de le manger, & il le trouua si delicieu-
sement sauoureux, & d'vn
goust si extraordinaire, que iamais il ne fit meilleure chere.
S'estant si bien trouué de cette
deuotion, il retourna souuent
presenter son pauure pain, &
le bon Dieu condescendant à
l'infirmité de ce ieune Nouice,
distilla tousiours quelque
gouttelette de cette precieuse

liqueur , qui fucroit tellement ce pain de terre & grof-
fier , que l'enfant eftoit rauy
d'ayfe, mangeant ce pain miraculeux. La tentation luy paf-
fa, & trouua depuis les rudes
aufteritez de l'Ordre fi fauou-
reufes, qu'il deuint vn parfaict
Religieux & vn rare exemple
de vertu. O que le B. Laurent
Iuftinian ,. dit bien veritablement, que Dieu à deffein a caché la beauté, & les douceurs
de la vie Religieufe au monde:
car indubitablement ayant
goufté à bon efcient, la perfection du feruice de Dieu, &
les folides contentements des
vrays Religieux, le monde de-
uiendroit vn defert , où plu-

ftoſt vn Cloiſtre, où tous les
hommes feroient profeſſion
de Religieux. Or cela eſtant
caché, & comme couuert
d'vne eſpaiſſe nuée aux yeux
des hommes, la pointe des
rayons du Soleil, d'vn appel
ſainɛt & diuin, ne frappe les
yeux & les cœurs ſinon de certaines perſonnes d'eſlite, ſur
leſquelles tombe ce bon-heur
incomparable. Quand on
void que les Princes & les
Grands en ſont ſi friands, &
que la haire leur eſt plus agreable qu'vn manteau d'eſcarlatte, pluſieurs s'y iettent à la
foulle. Sainɛt Bernard, eſtant
Abbé de Claireuaux, vn ieune
Prince du ſang de France ſe

voulut rendre Moyne, en effect apres plusieurs obstacles il
franchit le saut genereuse-
ment. Mais les premiers bouil-
lons de sa ferueur estans esua-
porez, il commença à ouurir
les yeux du corps, & prendre
garde que le pain du Conuent
estoit noir comme la patience
qu'il portoit, & plein de grandes pailles qui luy escorchoient
la langue, & le palais; la boif-
son estoit d'eau bien froide, à
tout rompre vn peu de biere,
& la pitance si mauffade, que
le pauure Prince, aymoit
mieux mourir de faim que
manger, sur tout de-ce pain si
aspre, qui luy limoit la bouche, & luy faisoit plus de mal

Vit. S.
Bern. l.
4. c. 3.

que de bien. Là deſſus il deuint
ſi ſombre, & ſi penſif, qu'on
liſoit aſſez dans ſon viſage que
ſon cœur n'eſtoit pas content:
non plus que d'vn autre Nouice, qui laiſſa tellement gaigner
ſon cœur à la melancholie,
qu'vn iour deſſerrant ſon cœur
& tirant trois grands ſanglots,
laiſſa ſortir cette parole : Helas! mon Dieu, iamais plusie
ne ſeray ioyeux, ny n'auray
plus en ma vie mon pauure
cœur content ! On rapporta
cela à Sainct Bernard , qui
l'appella ſur le champ, & luy
dit : Mon fils, prions vn peu
Noſtre Seigneur enſemble.
Le Sainct s'y mit à bon eſcient, le pauure garçon ne fut

pas pluſtoſt à genoux, qu'ayant ſon eſprit enueloppé d'vne
groſſe nuée noire de triſteſſe,
le voila appuyé ſur vne pierre
& endormy profondément,
tout à coup il ſe reſueilla en
ſur-ſaut & va donner vn grand
cry. Ah! dit-il, ie diſois tantoſt
que iamais plus ie ne ſerois
ioyeux, vn ſeul iour de ma vie:
Hé Dieu! que mon cœur eſt
bien changé, car iamais plus
ie ne ſeray melancholique. A
tant ſe teut, & luy & Henry
frere du Roy de France, firent
vne vie Angelique, & trouue-
rét que Claireuaux & Paradis
terreſtre n'eſtoit qu'vne meſme choſe. Quand l'eſprit de
Dieu entre dans l'eſprit des

Princes , & en chasse l'esprit
de la vanité , ô Dieu ! que la
vertu , & que la vie Religieuse leur est douce & grandement agreable.

De faiĉt que pensez-vous
qui soit plus obligé , ou les
Grands à la Religion , ou la
Religion aux Grands qui y entrent ? & que pensez-vous qui
honore le plus , le Cloistre les
Princes, ou les Princes le Cloistre ? ils donnent bien quelque
petit esclat d'honneur tempo-
rel, & possible quelque petite
cõmodité de terre : mais c'est
vsure ; car la Religion leur
rend cent pour vn , & mille
pour cent. Elle leur donne la
saincte pauureté, qui vaut plus

que tout le rond de la terre,
elle leur donne la chasteté Angelique, qui est plus belle que
toutes les Estoiles du Ciel ; Elle leur donne l'obeyssance,
qui les faict comme des Seraphins à six aisles , pour voler
par tout où Dieu les poussera:
Elle leur donne toutes les vertus , toutes les graces , & toutes les perfections eminentes
d'vne belle ame ; Elle les
nourrit du Corps precieux de
Iesus-Christ , & de son sang
diuin; de la manne des Anges,
des douceurs du Paradis , &
leur donne vn auant-goust de
la gloire eternelle. Elle donne
vn cœur content , vn esprit
en repos , vne terre de Promis-

fion , qui ne coule que laiſt
& miel dans ſes fontaines for-
tunées, & ſouuent faiſt paſſer
vn bras de mer , & vne partie des torrents de l'eternité,
& des eaux viues de la grace.
Mais en fin ſaincte Bathilde
donna à Chelles , des terres &
des villages pour ſa fondation,
puis ſe donna ſoy - meſme ,
c'eſt à dire, vne vertueuſe Princeſſe , & vne tres-ſage Royne
de France , pour en faire vne
pauure Religieuſe: Mais Chelles en eſchange luy donna tout
le Domaine des vertus, l'Empire des graces de Dieu infu-
ſes dans ſon ame , la Monarchie du Paradis; Il luy donna
vn chœur de Vierges , vne ar-

mée d'Anges , vn monde de
Saincts pour sa compagnie
ordinaire, Dieu mesme se cou-
la dans son cœur. De Royne
elle se fit Religieuse, & Chelles de Religieuse, la fit Saincte
de l'Eglise , & Espouse de Iesus-Christ : duquel auparauant
elle n'estoit que tres-petite &
tres-heureuse seruante , & sub-
jecte. Elle quitta l'honneur
que la France luy rédoit comme à sa souueraine, féme & mere , de ses Roys pour se cacher
à Chelles : mais Chelles l'a re-
remise à si haut point d'honneur , que la France & l'Europe , l'Asie & l'Affrique , &
toutes les deux Indes , la terre & le Ciel , les hommes &

les Anges, la reuerent d'vn grand honneur comme fille de Dieu, Espouse de Iesus-Christ, Temple du sainct Esprit, & comme vne tres-grande Saincte que tout le monde admire. Si elle fût morte Royne, on l'eût portée à sainct Denys comme les autres, on luy eût faict vne image de marbre, puis on l'eût laissée pourrir à son ayse, & ronger des vers sans qu'on en eût plus parlé, non plus que des autres; Mais estant à Chelles, elle est dans l'or & l'argent precieusement conseruée & inuoquée; Elle a là appris à commander, toute morte qu'elle est, à la mort, aux ma-

ladies , à la nature , & à tout,
&mesme est si puissante,qu'elle chasse les Diables, & faict
trembler l'Enfer, & tant que
le monde sera monde , sera
tousiours couronnée de gloire , couuerte de fleurs & de
roses, & en admiration à toute la posterité , iusqu'à temps
que venant le iour du Iugement, ce corps sacré sorte de
la chasse comme vn tres-beau
Soleil , pour s'aller rejoindre
à son ame bien-heureuse , &
iouyr de Dieu à toute eternité . Voila ce que saincte Bathilde donna à Chelles , voila
ce que Chelles rendit à saincte Bathilde, & voila comme
Dieu recompense les petits

trauaux de ceux qui le ſeruent
fidellement , religieuſement,
& conſtamment iuſqu'à la fin
de leur vie tres-heureuſe.

FIN.

LOVYS par la grace de Dieu, Roy de France & de Nauarre. A nos amez & feaux Conseillers, tenans nos Cours de Parlement, & Maistres des Requestes de nostre Hostel, Preuost de Paris, & à tous nos autres Iusticiers & Officiers qu'il appartiendra, Salut. Sebastien Chappelet, Marchand Libraire de Paris, nous a faict humblement exposer qu'il luy a esté mis és mains vn liure intitulé, *La vie excellente de saincte Bathilde, Royne de France, Fondatrice & Religieuse de Chelles : Par le R. P. Estienne Binet, de la Compagnie de Iesvs.* Et lequel il desireroit faire imprimer, requerant sur-ce nos lettres. A CES CAVSES, voulós ledit exposant estre recópensé de ses frais, mises, peines & trauaux, à la charge de mettre deux exem-

plaires en noftre Bibliotheque,
luy auons permis & octroyé, per-
mettons & octroyons par ces prefentes, d'imprimer, vendre & de-
biter ledit liure par tout noftre
Royaume, pays, terres & feigneu-
ries, & ce pendant l'efpace de dix
ans, à côpter du iour & datte des
prefentes, faifant expreffes inhibi-
tions & defféces à toutes perfonnes de faire le femblable, fur peine de confifcation des exemplai-
res, & de mille liures d'amende,
moitié à nous applicable, & l'autre
audit Chappelet. Voulons outre
qu'en faifant mettre au commen-
cement ou à la fin dudit liure ces
prefentes, ou vn extraict d'icelles,
qu'elles foient tenuës pour figni-
fiées, & venuës à la cognoiffance
de tous, fans fouffrir ne permettre
luy eftre faict, mis ou donné autre
empefchement au contraire: de ce
faire vous donnons pouuoir &
mandement fpecial, CAR TEL

EST NOSTRE PLAISIR. Donné à Paris, le vingt deuxiesme iour de Feurier, l'an de grace mil six cens vingt-quatre. Et de nostre regne le quatorziesme.

Par le Roy en son Conseil.

BERGERON.

Approbation des Docteurs.

NOVS soubs-signez Docteurs en Theologie, de la Faculté de Paris, certifions auoir veu, & leu vn liure intitulé, *La vie excellente de Saincte Bathilde, Royne de France, Fondatrice & Religieuse de Chelles: Par le R.P. Estienne Binet, de la Compagnie de* IESVS. Auquel nous n'auons rien trouué qui ne soit conforme à la Religion, Catholique, Apostolique & Romaine; En foy dequoy nous auons icy mis nos seings manuels. Faict à Paris, ce 18. iour de Feurier, mil six cens vingt-quatre.

F. B. LANGLOIS.   F. L. BAVDRY.